MOMENTO DE SEGURANÇA

GESTÃO, LIDERANÇA E PARTICIPAÇÃO DOS TRABALHADORES

Paulo Henrique Ferreira
Alan da Silva Teixeira

2ª Edição

MOMENTO DE SEGURANÇA

GESTÃO, LIDERANÇA E PARTICIPAÇÃO DOS TRABALHADORES

Paulo Henrique Ferreira
Alan da Silva Teixeira

2ª Edição

Autor: Paulo Henrique Ferreira
Diagramador: Alex Garcia Osti
Capista: Rafael Gabriel da Cruz
Ilustrador: Sérgio Anjo
Supervisor: Alan da Silva Teixeira
Editor: Jusciele Oliveira
Revisor: Paulo Ferreira
Ilustração: Freepik

Dados Internacionais de Catalogação na Publicação (CIP)
(Câmara Brasileira do Livro, SP, Brasil)

Ferreira, Paulo
   Momento de segurança : gestão, liderança e participação dos trabalhadores / Paulo Ferreira, Alan Teixeira. -- 2. ed. -- Salvador, BA : Ed. dos Autores, 2022.

   ISBN 978-65-00-37685-2

   1. Acidentes de trabalho - Prevenção 2. Comissões internas de prevenção de acidentes - Brasil 3. Higiene do trabalho - Administração - Normas 4. Medicina do trabalho - Leis e legislação Brasil 5. Segurança do trabalho 6. Segurança do trabalho - Normas Brasil I. Teixeira, Alan. II. Título.

22-98119   CDD - 363.116

Índices para catálogo sistemático:

1. Segurança do trabalho : Qualidade : Controle : Problemas sociais   363.116

Eliete Marques da Silva - Bibliotecária - CRB-8/9380

DEDICATÓRIA

A Deus, meus pais Oriêta e Paulo, todos familiares, amigos e notadamente Hayden Huseth, Carla Priscila Sacramento e Eunice Brito de Santana (in memoriam).

AGRADECIMENTOS

Primeiramente agradeço a Deus pelo dom da vida e por todas as bênçãos concedidas.

Agradeço aos meus pais e familiares por toda dedicação, amor e carinho.

Agradeço aos amigos que conquistei nas empresas Weatherford Internacional, BrasALPLA, TPC - Logística Inteligente, ATAKAREJO, Piacentini do Brasil e Ramos Reis Engenharia, por terem me auxiliado profissionalmente, pois hoje sou o resultado da confiança e da força de cada um de vocês.

Agradeço aos professores, amigos e alunos que tanto me auxiliaram na construção do meu aprendizado, já que vocês contribuíram de forma relevante na elaboração deste livro.

Por fim, agradeço aos leitores desta obra, que dedicarão seu precioso tempo na leitura e estudo deste livro.

PREFÁCIO

No Brasil muito se fala sobre a modernização das Normas Regulamentadoras que são as disposições complementares ao Capítulo V (da Segurança e da Medicina do Trabalho) do Título II da Consolidação das Leis do Trabalho (CLT), muito se comenta sobre mudanças na legislação vigente, gerenciamento de riscos ocupacionais, medidas de prevenção em Segurança e Saúde no Trabalho – SST, programas e estudos sobre a prevenção de acidentes, contudo existe uma terrível lacuna no tocante ao real envolvimento e comprometimento de empregadores, líderes e liderados no que diz respeito ao trabalho seguro e saudável.

Diante deste contexto, o livro **MOMENTO DE SEGURANÇA gestão, liderança e participação dos trabalhadores** de autoria de Paulo Ferreira e Alan Teixeira demonstra de forma prática e objetiva, como efetivar um projeto em segurança e saúde no trabalho capaz de envolver todas as pessoas da organização, incentivando-as diariamente a prevenir acidentes e doenças relacionadas ao trabalho, mantendo o foco na melhoria de processos industriais e no crescimento sustentável da empresa.

A partir da pesquisa e de aplicação dos conceitos, das ferramentas e dos fundamentos teóricos, o livro **MOMENTO DE SEGURANÇA gestão, liderança e participação dos trabalhadores** contribui de forma significativa, para que o leitor seja capaz de avaliar o atual nível de maturidade da cultura de segurança da empresa e em seguida definir estratégias para avançar ao próximo patamar da cultura organizacional.

Desta forma, o conteúdo desta obra é aplicável em qualquer organização que queira demonstrar o compromisso visível, com a segurança e saúde no trabalho de forma contínua e sustentável.

Rodrigo Souza
Coordenador de Operações na Stratum Reservoir.

SUMÁRIO

INTRODUÇÃO

*E*mpregadores, gestores, líderes e profissionais de SST estão cada vez mais conscientes da necessidade em analisar aspectos relacionados ao nível de maturidade da cultura de segurança da empresa, a fim de, efetivar estratégias que possibilite o alcance de resultados duradouros quanto à prevenção de acidentes e doenças relacionadas ao trabalho.

Logo, o sucesso na implantação ou aperfeiçoamento do projeto MOMENTOS DE SEGURANÇA passa pela necessidade de uma acentuada revisão de valores, crenças e percepções em segurança e saúde no trabalho. Então, a Alta Administração da empresa deve assumir o compromisso visível em apoiar ações consistentes voltadas para a aprendizagem organizacional e prevenção em todos os sentidos.

Líderes e gestores devem seguir o exemplo da Alta Administração em termos de compromisso ao defender a promoção de um ambiente produtivo, saudável e seguro no qual a confiança, o respeito e as informações compartilhadas abram portas para o trabalho em equipe, com o propósito de promover o envolvimento dos funcionários em assuntos ligados à prevenção e melhoria de processos. Desta forma, todas as pessoas da empresa se esforçam para colaborar com o melhor de si, construindo e fortalecendo o desempenho em segurança e saúde no trabalho.

Este livro foi organizado em cinco partes. A primeira aborda conceitos e princípios da cultura de segurança de uma empresa, mostra como fazer um diagnóstico do nível de maturidade e a relação que existe entre você e diversos setores da organização, destacando a sua melhor forma de agir perante os gestores, líderes e funcionários. Em seguida, você descobrirá a essência da ferramenta MOMENTOS DE SEGURANÇA e como vendê-la para a Alta Administração da empresa, trabalhando antes, questões sobre a autoliderança. A terceira parte contém diversos temas elaborados por especialistas para impactar suas apresentações profissionais, objetivando também ajudar líderes e gestores no começo deste projeto para que os MOMENTOS DE SEGURANÇA torne-se um hábito dentro da organização. Você obterá em seguida, ferramentas de gerenciamento, as quais você poderá se beneficiar, ampliando o estudo e aplicação prática das mesmas. A última parte, contem uma proposta de estudo de caso e dicas valiosas para sua carreira profissional.

1

OBJETIVOS DE APRENDIZAGEM

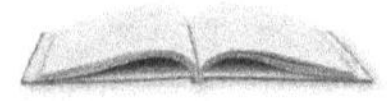

Após a leitura da primeira parte deste livro, você será capaz de responder aos seguintes questionamentos:

1. De forma objetiva, como você pode definir a cultura de segurança de uma empresa?

2. Quais são as particularidades de uma cultura de segurança?

3. Quais são as causas primárias e os fatores secundários dos aspectos de uma cultura de segurança?

4. Quais são as etapas de maturidade de uma cultura de segurança?

5. Qual é a finalidade da emissão de um Alerta de Segurança e Saúde no Trabalho – SST e a qual elemento da cultura de segurança um Alerta de SST pertence?

6. Como fazer o diagnóstico do nível de maturidade da cultura de segurança de uma empresa?

7. Em uma empresa, quem é o seu cliente principal? O que ele espera de você? Quem são os seus demais clientes e como você deve tratá-los?

1. CULTURA DE SEGURANÇA

*I*niciamos este capítulo informando que em algumas empresas, ocorre certa rivalidade entre os responsáveis pela produção ou prestação de serviços e os profissionais que possuem o genuíno compromisso com a prevenção de acidentes de trabalho. Isso porque, de um lado existem os supervisores, encarregados, líderes e gestores preocupados em atingir as metas de produção e entregar melhores resultados; e na outra extremidade, percebe-se os profissionais de Segurança e Saúde no Trabalho (SST), sobrecarregados com a enorme demanda de tarefas e com a falta de apoio da Alta Administração.

Os responsáveis pela produção são a todo o momento questionados sobre os números, sobre as metas, ou sobre o avanço do projeto. Estes também são pressionados constantemente a fazerem mais e melhor com menos recursos, contudo os profissionais de SST sabem que a cada inspeção de área surgirão novos riscos ocupacionais, novas demandas e outras dificuldades intrínseca ao setor, aliados ao baixo investimento financeiro e vários problemas, sem contar com a parte burocrática inerente a área, que literalmente sufoca até os mais experientes pela complexidade dos processos, pela necessidade de constante atualização profissional e por trabalharem com prazos cada vez menores.

Nesse contexto, desentendimentos entre as partes são inevitáveis principalmente quando ocorrem incidentes. Muitas vezes, os ânimos afloram dando lugar a agressões verbais. Quem já presenciou discussão desta natureza ou consegue imaginar a dificuldade da situação pode se questionar: quem é que está certo nesta disputa? Os responsáveis pela produção que desejam entregar melhores números, que almejam melhorar os resultados financeiros da empresa ou os profissionais de SST? Logo, acreditamos que a melhor resposta para estes e outros questionamentos será: não existe certo ou errado, não existe melhor ou pior, isso porque todos os setores de uma empresa são essenciais para o seu sucesso. Neste ponto, podemos fazer uma analogia entre os departamentos de uma organização com o corpo humano, através de algumas perguntas, como por exemplo: será que o cérebro de uma pessoa é mais importante que o seu coração? Os braços são melhores que as pernas? O fígado é mais significativo que o estômago? Será que os rins são mais relevantes que os pulmões? Sabemos que não existe uma parte, um sistema ou órgão melhor que o outro no corpo humano, assim como não existe uma área melhor que a outra dentro de uma empresa. Pois, devemos compreender o todo através de um olhar sistêmico, analisando de forma justa e imparcial as partes que o formam, ou seja, necessitamos através de um diagnóstico cabal trabalhar as causas primárias e não os efeitos de um problema. De que forma? Precisamos entender o passado para atuar com maestria no momento presente. Necessitamos planejar o futuro com uma visão clara e uma missão forte pautada em melhorias de processos, em prevenção de acidentes e doenças relacionadas ao trabalho. No entanto, como faremos isso? Entendendo de forma prática e objetiva questões fundamentais sobre a cultura de segurança de uma empresa.

Sabemos que alguns pesquisadores acreditam que a cultura de segurança tem origem na cultura organizacional de uma empresa, contudo, outros a consideram de forma independente podendo evoluir passando por diferentes estágios. De modo que, os estudos e reflexões sobre este assunto nos levam a entender que toda empresa possui uma cultura de segurança, porém ela altera-se em termos de efetividade. Mas, o que é uma cultura de segurança?

A palavra cultura, do Latim *culturae*, significa "ato de plantar e desenvolver plantas, atividades agrícolas"; e de COLERE, "cuidar de plantas". Mais tarde o vocábulo desenvolveu-se no sentido de "cultivar a mente, os conhecimentos, a educação" (CULTURA, 2020). Já segurança é definida como "ação ou efeito de segurar; situação do que está seguro; afastamento de todo perigo; viajar com segurança. Certeza, confiança, firmeza". (SEGURANÇA, 2020).

No contexto organizacional, e ao termino da leitura deste capítulo, poderemos entender de forma objetiva que a cultura de segurança pode ser definida como um conjunto de crenças, valores, comportamentos e procedimentos compartilhados pelos membros de uma empresa, objetivando a prevenção de acidentes de trabalho e a promoção da saúde ocupacional de todos os funcionários em um ambiente harmônico, tendo foco na aprendizagem organizacional, na liderança e em processos de melhoria continua. Então, para que uma empresa tenha um sistema de gestão de segurança e saúde no trabalho funcionando corretamente, é primordial a existência de uma sólida cultura de segurança. Ou seja, uma empresa tem uma cultura de segurança consolidada ou em estágio de maturidade elevado quando possui a segurança e a saúde no trabalho como valores principais.

Quando o assunto é cultura de segurança, o tema, por si só, é tão fascinante e robusto que poderíamos escrever um livro com centenas de páginas e mesmo assim não conseguiríamos abranger toda essência do tema e todas as pesquisas realizadas por diversos autores. Logo, vamos procurar ser o mais prático possível até porque o nosso tema central é a implantação ou o aperfeiçoamento do projeto MOMENTOS DE SEGURANÇA, mais conhecido como SAFETY MOMENTS. Entretanto, incentivamos que o leitor estude o tema cultura de segurança com mais profundidade.

Sabemos que inicialmente, a expressão cultura de segurança foi mencionada pela primeira vez em um relatório sobre a usina nuclear de Chernobyl, sendo definida como o:

> *[...] conjunto de características e atitudes das organizações e dos indivíduos, que garante que a segurança de uma planta nuclear, pela sua importância, terá a maior prioridade [...] (SILVA, 2003, p. 34).*

Cabe ressaltar, que este acontecimento histórico foi um catastrófico acidente nuclear que ocorreu entre 25 e 26 de abril de 1986, no reator nuclear nº 4 da Usina Nuclear de Chernobyl na Ucrânia. Assim, depois deste acidente, vários estudos foram realizados objetivando conceituar e mensurar o estágio de maturidade da cultura de segurança de uma empresa.

Quando nos referimos ao estágio de maturidade da cultura de segurança, entendemos que empresas que possuem um grau de risco elevado decorrente de sua classificação de atividades econômicas – como por exemplo: extração de petróleo e gás natural; extração de carvão mineral; obras portuárias, marítimas e fluviais; metalurgia do alumínio e suas ligas; fabricação de explosivos, entre outros, conforme ilustração da figura 1 -, mas que apresentam poucos incidentes em seus indicadores de sucesso, demonstram o comprometimento da Alta Administração, de seus gestores, líderes e consequentemente de seus funcionários e prestadores de serviços com a segurança e saúde no trabalho. Aliado a esse fator principal, encontra-se a boa comunicação, o envolvimento de todos com a prevenção de acidentes, a informação compartilhada e o aprendizado organizacional.

Figura 1 – Exemplo de atividades econômicas

Neste sentido, começamos a identificar alguns elementos (compromisso da Alta Administração, comunicação, envolvimento, informação compartilhada e aprendizagem organizacional) que compõem uma cultura de segurança. Tais elementos ou princípios são fundamentais para o sucesso de uma organização. Isso porque quando observamos uma empresa de qualquer seguimento, acreditamos que um sistema de produção ou prestação de serviços, não será sustentável a médio e longo prazo, se o ambiente em que os funcionários exercem suas atividades não for seguro e saudável. Por isso, organizações com baixos índices de doenças ocupacionais e acidentes relacionados às atividades e processos executados em suas instalações, muitas vezes possuem um nível elevado de maturidade da cultura de segurança. Claro que existem empresas que possuem atividades de baixo risco operacional e processos simples, e, neste cenário, a probabilidade de ocorrer um acidente é baixa, todavia não são estas empresas que estamos considerando.

1.1 – ASPECTOS IMPORTANTES

Devemos ressaltar que Cooper (1998, 2000) definiu cultura de segurança de uma empresa como o resultado das interações dinâmicas entre três aspectos: 1) as percepções e atitudes; 2) o comportamento e ações; e 3) o Sistema de gestão de segurança do trabalho da organização, conforme ilustração da figura 2.

Figura 2 – Modelo de interações recíprocas de cultura de segurança. Fonte: Cooper (2000)

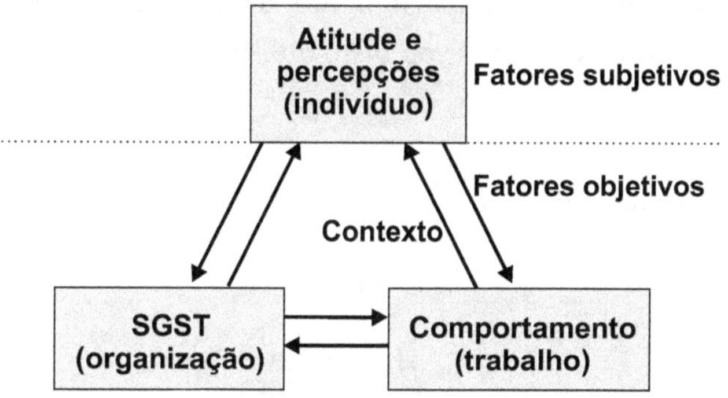

Neste momento, vamos aprofundar a discussão sobre cultura de segurança com base em interações, que ocorrem de acordo com o nosso entendimento em seis aspectos que consideramos importantes no que diz respeito à segurança e saúde no trabalho, são eles:

1) Percepções; 2) Crenças; 3) Valores; 4) Ambiente laboral; 5) Sistema de gestão em segurança e saúde no trabalho – SST e 6) Comportamentos.

No entanto, como estes aspectos se relacionam de forma dinâmica no decorrer do tempo e para facilitar a compreensão do leitor, vamos separá-los em **causas primárias**, ou seja, aquilo que é próprio do indivíduo ou a ele relativo, que pertence ao domínio de sua consciência, competências e está baseado na sua interpretação individual de mundo, mas pode não ser válido para todos em um mesmo contexto. E **os fatores secundários** que são o oposto das causas primárias. Por exemplo, as crenças, valores e percepções não são observáveis, pois se encontram no campo subjetivo de cada funcionário. Ou alguém já observou e mensurou uma crença ou um valor? É por isso que, muitas vezes, ao iniciar a investigação de um acidente de trabalho, podem existir relatos diferentes para o mesmo fato. Uma testemunha, conforme suas crenças, valores e percepções, vai relatar o ocorrido com ênfase no que o acidentado ou seu líder deixou de fazer. Já outra testemunha do mesmo acidente vai contar uma versão oposta, destacando o que a empresa deveria ter feito para evitar aquele fato. Assim, cada indivíduo vai construindo a sua visão de mundo, de acordo com suas crenças, valores e percepções.

Em contrapartida, o comportamento, o ambiente e o sistema de gestão em SST são fatores secundários, visto que são possíveis de serem observados.

Figura 3 – Comportamento inseguro

Por exemplo, um consultor vai realizar uma auditoria em SST e, ao acessar o setor X, verifica um funcionário operando uma empilhadeira sem utilizar o cinto de segurança e falando ao celular, conforme a figura 3 (comportamento).

Já, no setor Y da mesma empresa, o consultor observa que o local de trabalho se encontra limpo, organizado, devidamente sinalizado, com processos padronizados, máquinas com proteções das partes móveis e que os extintores de incêndio estão em perfeito estado de conservação (ambiente). No setor de Expedição, o consultor conclui, por meio de evidências objetivas, que os procedimentos de segurança do trabalho e meio ambiente estão atualizados, demonstrando assim que existe comprometimento de líderes e gestores com os objetivos e metas do cronograma de ações (sistema de gestão em SST). Logo, esses três aspectos (ambiente laboral, sistema de gestão em SST e comportamentos) compõem os fatores secundários. Não obstante, para melhor compreensão vamos começar nossa abordagem pelas causas primárias.

1.2 – CUIDADO COM AS CAUSAS PRIMÁRIAS

"Toda a causa tem seu efeito, todo o efeito tem sua causa;
tudo acontece de acordo com a Lei.
O acaso é simplesmente um nome dado a uma Lei não reconhecida;
há muitos planos de causalidade, porém nada escapa à Lei".
O Caibalion

As causas primárias merecem atenção e cuidado especial, uma vez que seus aspectos são a origem de resultados positivos ou negativos contidos na cultura de segurança de uma empresa. Assim sendo, entendemos como causas primárias os elementos contidos (percepções, crenças e valores) no modelo mental predominante de cada indivíduo, o qual será expresso através de palavras e atitudes, diante das mais diversas situações do cotidiano profissional. Neste ponto, encontra-se a forma como entendemos a empresa no contexto geral, o que acreditamos e os valores pessoais e organizacionais. Na prática, nossas percepções, crenças e valores funcionam como motivações, permissões ou proibições para manifestarmos nossas habilidades e comportamentos. Por exemplo, digamos que a empresa deixa um veículo novo no pátio (ambiente), disponível para os líderes visitarem os fornecedores quando julgarem necessário (comportamento aceitável). O líder do setor A sempre faz uso do carro e nunca teve problema, todavia o líder do setor B, mesmo tendo carteira habilitação e o curso de direção defensiva (habilidade), tem receio de usar o veículo da empresa (percepção), porque acredita (crença) que dirigir um carro novo aumentará as chances de ser roubado, ou se acontecer um incidente ele terá que arcar com as despesas financeiras de imediato. O líder do setor B também acredita (crença) que dirigir o veículo da empresa dará sempre algum tipo de problema. De modo que, no dia a dia de trabalho sua prioridade (valor) é atingir as metas de produção ou ir além do programado, desta forma, não considera necessário visitar os fornecedores (percepção).

Como observamos no exemplo acima, as causas primárias (percepções, crenças e valores) podem nos limitar ou permitir alcançar metas que podem aparentar impossíveis. Pois, pessoas com capacidades e recursos aparentemente limitados tiveram ótimos resultados profissionais. Por outro lado, pessoas que pareciam ter bastante a oferecer, alcançaram muito pouco, visto que nossas percepções, crenças e valores são interpretações de nossas experiências passadas e têm grande influência na forma como respondemos ou reagimos aos acontecimentos do dia a dia.

Concluindo a associação das causas primárias a prevenção de acidentes, a figura 4 ilustra, por exemplo, a realização de um treinamento de segurança do trabalho em que um funcionário percebe e acredita que a empresa demonstra um sincero interesse pela sua segurança e saúde ocupacional (percepção e crença). Logo, ele mantém o foco na programação do evento e participa de forma positiva, no final elogia e agradece a oportunidade. Outro funcionário participa do mesmo treinamento, mas possui a convicção (crença) que a companhia está investindo em algo sem retorno e que na prática a prevenção de acidentes sempre fica em segundo plano, porque no entendimento dele (percepção) a produção está sempre em primeiro lugar (valor) e eventos, como estes, não deveriam nem existir. Assim, ele não leva a sério a programação do evento, distrai-se com facilidade, acredita (crença) que é perda de tempo e não gosta de permanecer na sala. Nestas situações hipotéticas, verificamos que ambos participaram do mesmo treinamento, com o mesmo instrutor, contudo a compreensão de conhecimento e a sua posterior aplicação prática serão totalmente diferentes entre os sujeitos.

Desta forma, para mudar efetivamente algum hábito negativo ou comportamento inseguro dos funcionários, é necessário antes trabalhar de forma significativa aspectos relacionados ao modelo mental predominante dos empregados, isto é, as causas primárias. É importante ressaltar ainda que a transformação do modelo mental predominante na organização deverá ter início na Alta Administração e ser seguida por líderes e gestores.

Podemos refletir um pouco mais sobre as causas primárias, respondendo aos seguintes questionamentos: Acreditamos que o trabalho é só um meio para ganhar dinheiro e benefícios ou uma forma de contribuir com a sociedade? Acreditamos que os interesses de líderes e gestores estão sempre em conflito com os nossos, criando uma disputa diária ou todos trabalham em harmonia em prol de um objetivo em comum? As normas e procedimentos de segurança e saúde no trabalho são para proteção dos funcionários ou não passam de palavras com pouca utilidade? A segurança e a saúde no trabalho são valores primordiais ou podem ficar em segundo plano? É realmente possível melhorar os resultados da empresa de forma segura e sustentável? O zero acidente é uma possibilidade ou algo utópico? Como funcionário, líder ou gestor preciso fazer mais do que o esperado em assuntos ligados a segurança e a saúde no trabalho ou devo fazer apenas a minha parte?

1.3 – ATENÇÃO AOS FATORES SECUNDÁRIOS

Similar às causas primarias, os fatores secundários merecem atenção singular no contexto da cultura de segurança de uma empresa, em virtude de representarem a materialização do estado mental predominante da Alta Administração, de líderes, gestores e, por conseguinte, de todos os funcionários da organização. Assim, vamos iniciar nossa abordagem pelos aspectos do ambiente laboral e dos comportamentos, em seguida, examinaremos questões relacionadas à gestão em SST.

1.3.1 – AMBIENTE E COMPORTAMENTOS.

No ambiente laboral, conseguimos observar a disposição física do local de trabalho, a sinalização por meio de cores específicas, placas, quadros, banners, faixas, cones, correntes ou uso fita zebrada. Observamos também a iluminação, o layout de máquinas, equipamentos, veículos, ferramentas, os postos de trabalho e o modo como as pessoas se comportam. Contudo, dependendo do que está disponível no ambiente, o indivíduo terá mais ou poucas possibilidades de ação, para efetivamente fazer as coisas de maneira certa ou errada. Por exemplo, conforme a figura 5, um funcionário percebe que o vestiário da empresa se encontra totalmente desorganizado, sujo, com resíduos espalhados pelo chão, torneira gotejando e lâmpadas queimadas. Esta pessoa retira um papel de seu bolso, procura uma cesta de lixo e não encontra. Por mais educado que ele seja, existe uma possibilidade muito grande dele amassar o papel e jogá-lo no chão, pois o ambiente favorece tal comportamento. Claro que existem exceções, todavia o ambiente exerce certo grau de influência no comportamento das pessoas.

Ainda sobre a influência que o ambiente exerce em nosso comportamento, não é normal ou comum, por exemplo, observamos uma pessoa de terno e gravata mergulhando em uma praia, isso porque o ambiente não condiciona as pessoas a adotarem tal comportamento, ou coletivamente pode-se concluir que o ambiente não é apropriado para tal escolha, mesmo não existindo proibição para um gestor sair de uma reunião de terno e gravata e ir mergulhar na praia. Da mesma forma, dificilmente em uma reunião de análise crítica envolvendo gestores de vários departamentos, alguém verá o responsável por conduzir a reunião vestindo trajes de banho, isso porque o ambiente também não é favorável a este comportamento. Neste contexto, entendemos a preocupação dos profissionais de segurança e saúde no trabalho (SST) em, por exemplo, elaborar e efetivar um projeto de sinalização na empresa, cuidar de questões como organização dos locais de trabalho, limpeza, conservação e padronização, visto que eles se preocupam em criar oportunidades, para que o ambiente seja favorável a influência do comportamento seguro e da prevenção de acidentes.

1.3.2 – SISTEMA DE GESTÃO EM SST.

Neste aspecto, encontram-se a política da empresa, o conjunto de normas de segurança e saúde no trabalho, os procedimentos, os regulamentos organizacionais, o atendimento aos requisitos legais para o gerenciamento de riscos ocupacionais, as regras, as instruções de trabalho, os indicadores de sucesso e boas práticas operacionais destinadas à melhoria dos ambientes de trabalho, da prevenção de ocorrência de incidentes e doenças ocupacionais. Logo, a gestão em SST deverá também estar associada com o crescimento sustentável da empresa e com a sua competitividade no mercado, objetivando evitar questões relacionadas a interdição ou interrupção das operações, multas e ações judiciais.

A figura 6 apresenta uma descrição resumida das causas primárias. Estas causas podem e devem ser aperfeiçoadas. Logo, a Alta Administração da empresa desempenha um papel importante neste contexto, pois deve atuar de forma estratégica no aperfeiçoamento das causas primárias referente ao modelo mental predominante dos líderes, gestores e funcionários visando obter comportamentos aceitáveis e melhorias nos ambientes de trabalho.

Figura 6 – Causas primárias

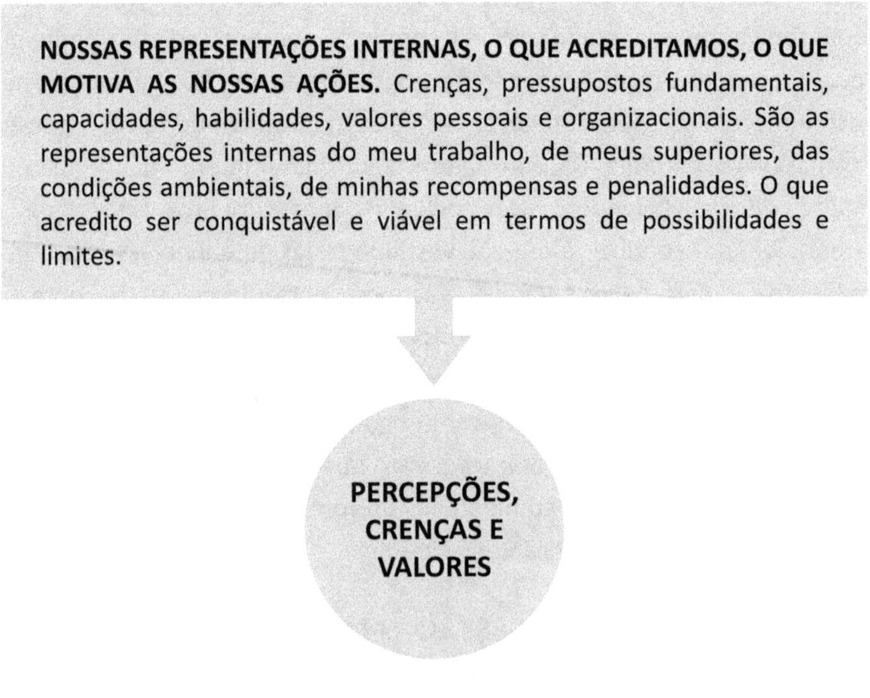

NOSSAS REPRESENTAÇÕES INTERNAS, O QUE ACREDITAMOS, O QUE MOTIVA AS NOSSAS AÇÕES. Crenças, pressupostos fundamentais, capacidades, habilidades, valores pessoais e organizacionais. São as representações internas do meu trabalho, de meus superiores, das condições ambientais, de minhas recompensas e penalidades. O que acredito ser conquistável e viável em termos de possibilidades e limites.

PERCEPÇÕES, CRENÇAS E VALORES

A figura 7 descreve de forma concisa os fatores secundários.

Figura 7 – Fatores secundários

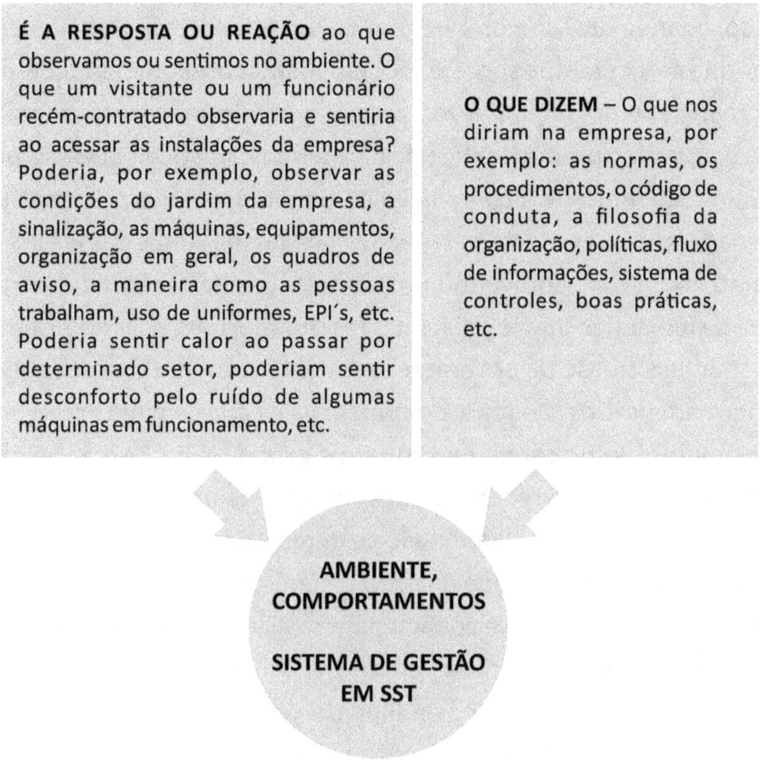

É A RESPOSTA OU REAÇÃO ao que observamos ou sentimos no ambiente. O que um visitante ou um funcionário recém-contratado observaria e sentiria ao acessar as instalações da empresa? Poderia, por exemplo, observar as condições do jardim da empresa, a sinalização, as máquinas, equipamentos, organização em geral, os quadros de aviso, a maneira como as pessoas trabalham, uso de uniformes, EPI´s, etc. Poderia sentir calor ao passar por determinado setor, poderiam sentir desconforto pelo ruído de algumas máquinas em funcionamento, etc.

O QUE DIZEM – O que nos diriam na empresa, por exemplo: as normas, os procedimentos, o código de conduta, a filosofia da organização, políticas, fluxo de informações, sistema de controles, boas práticas, etc.

AMBIENTE, COMPORTAMENTOS

SISTEMA DE GESTÃO EM SST

1.4 - ANALISANDO UM EVENTO HIPOTÉTICO

"A História é a versão dos eventos passados sobre os quais as pessoas decidiram concordar."
Napoleão Bonaparte

Para melhor entendermos questões envolvendo as causas primárias e os fatores secundários, no que diz respeito à cultura de segurança de uma empresa, se faz necessário antes de tudo, refletirmos sobre uma pergunta essencial: qual é a origem de um acidente de trabalho? Talvez, você comece a pensar em improvisos, fatores de riscos, falta de atenção, máquinas sem as devidas proteções, equipamentos e ferramentas defeituosos, atitude insegura, cansaço, sonolência, pressão para a entrega de melhores resultados, jornadas excessivas de trabalho, uso de drogas, falta de motivação, problemas financeiros ou familiares, falta de capacitação e dentre outros motivos. Contudo, quando analisamos a origem de um acidente de trabalho existem poucos questionamentos sobre o modelo mental predominante do empregador, representado, muitas vezes, pela Alta Administração da empresa.

Logo, com o propósito de elucidarmos a resposta da questão proposta inicialmente, imagine a construção de um prédio comercial no centro de uma cidade qualquer. Nesta perspectiva imaginária, um empresário do seguimento imobiliário aproveitou uma excelente oportunidade e efetivou a compra de um antigo imóvel, não para restaurá-lo, mas visando a demolição e posterior construção de um empreendimento comercial. As possibilidades de ganhos financeiros são reais e o projeto vale cada centavo investido, contudo o empresário pretende maximizar os ganhos já na fase inicial do projeto. Desta forma, após receber os documentos da prefeitura inicia-se a demolição do antigo imóvel. O processo de demolição e preparação do terreno é executado com pouco planejamento e condições mínimas de segurança, uma vez que a empresa selecionada para realizar os serviços apresentou o melhor preço na proposta inicial, critério decisivo para seleção do fornecedor. Após a retirada de entulhos e limpeza do terreno, o proprietário consegue visualizar em sua mente o edifico comercial construído em todos os detalhes que lhe darão uma característica singular e atrativa ao público-alvo, ele acredita também que com os lucros deste empreendimento conseguirá surpreender as previsões mais otimistas. Assim sendo, ele percebe a possibilidade de replicar tal modelo de negócio em cidades vizinhas priorizando ainda mais a redução de custos e término da construção antes do prazo.

A empresa selecionada para construção do edifício atendeu o critério pré-estabelecido na etapa de demolição do antigo imóvel, isto é, o menor preço. Diante disso, no decorrer das atividades, desvios em segurança do trabalho são frequentes e os incidentes dificilmente são relatados, uma vez que a liderança da construtora consegue replicar com mais intensidade o modelo mental predominante do proprietário do empreendimento. Neste cenário, percebe-se que o profissional de SST foi contratado semanas após o início das atividades, sendo que sua contratação se deu pelo simples motivo de atender uma legislação vigente e o mesmo só aceitou a baixa remuneração ofertada por não possuir experiência de área. Basicamente, o trabalho do profissional de SST resume-se ao controle de EPI´s (equipamentos de proteção individual) e inspeções de área. Logo, as reclamações sobre improvisos de ferramentas, condições precárias de trabalho e a baixa qualidade dos EPI´s são frequentes, restando apenas ao profissional de SST fazer anotações sobre estes pontos em um formulário especifico elaborado pelo mesmo, e, posteriormente, enviar o relatório fotográfico por e-mail para o gerente geral. No presente exemplo, as prioridades de líderes e gestores são: reduzir custos e concluir a construção do edifício no menor tempo possível, por consequência, nenhuma mudança efetiva em segurança do trabalho acontecerá. Mas, ao final do expediente de trabalho da última sexta-feira do mês vigente, um funcionário que estava auxiliando o operador de guindaste na movimentação de cargas, ao conduzir com as mãos uma viga suspensa, que seria utilizada no andar superior, perde o equilíbrio e cai, conforme ilustra a figura 8. Em decorrência da queda, o acidentado inconsciente e com fraturas expostas pelo corpo é acomodado de qualquer maneira em um veículo improvisado por seus colegas de trabalho, e conduzido em estado grave ao hospital de atendimento a emergências da região.

Figura 8 – Queda do funcionário

Ainda neste cenário hipotético, cabe refazermos a pergunta inicial e posteriormente ampliar os questionamentos: qual é a origem do acidente de trabalho? No cenário hipotético apresentado, será que seu início ocorreu pela falta de planejamento ou baixo investimento em prevenção de acidentes? Ou sua origem ocorreu na inexistência de capacitação em movimentação de cargas, trabalho em altura e na falta de projeto para o isolamento, instalação de guarda corpo e sinalização da obra? Por que nenhuma lei, norma ou procedimento existente consegue evitar eventos desta natureza? Por que o profissional de SST ou algum líder não conseguiu prever este acidente e agiram de forma proativa? Poderíamos continuar com os questionamentos, porém devemos destacar uma possibilidade de resposta para a pergunta inicial: o acidente ocorrido, neste cenário fictício, teve início no modelo mental predominante daquele empresário do seguimento imobiliário e nas decisões posteriores ocorridas ao longo do tempo, ou seja, o evento teve sua origem nas causas primárias (percepções, crenças e valores) do responsável pelo empreendimento e sua materialização ocorreu gradualmente por meio dos fatores secundários (comportamentos, ambiente e sistema de gestão em SST). Em razão do modelo mental predominante do empresário, que retro alimentava suas percepções apenas para estudos de viabilidade econômica, suas crenças principais giravam em torno de melhores oportunidades e expansão dos negócios, e seus valores principais não incluíam a prevenção de acidentes e valorização da vida de seus contratados.

Assim, podemos afirmar que o modelo mental predominante do empresário era limitado e seletivo. Limitado no sentido de funcionar na maior parte do tempo apenas para contemplar aspectos relacionados a ganhos financeiros de curto, médio e longo prazo, e seletivo porque não estava disposto a incluir elementos voltados para prevenção de acidentes. Já os líderes e gestores da construtora serviam como espelho deste modelo mental, potencializando assim decisões falíveis e os seus resultados. Neste ponto, todas as demais falhas ocorridas no processo são uma derivação das causas primárias e dos fatores secundários descritas neste livro. Portanto, para prevenirmos acidentes como o descrito no exemplo, é preciso adotar o modelo mental proativo, abrangente e sistêmico.

Proativo, abrangente e sistêmica deverá ser o modelo predominante de representantes da Alta Administração de uma empresa, visto que a Alta Administração deve exercer a liderança e responsabilidade em valorizar a vida de seus funcionários em todos os pormenores, sedimentando assim as percepções, crenças e valores em torno da segurança e saúde no trabalho. A Alta Administração deverá também manter o foco no processo de melhoria contínua, no constante aperfeiçoamento corporativo e comportamental de líderes, gestores, funcionários e, por conseguinte, no crescimento sustentável da organização.

É importante esclarecer que não estamos aqui retirando algum mérito das técnicas consagradas de investigações de acidentes de trabalho, as quais são necessárias e imprescindíveis à boa gestão em SST. O objetivo principal é simplificarmos alguns processos, indo direto a ponto fundamental, visto que nosso foco diz respeito ao projeto MOMENTOS DE SEGURANÇA.

Enfatizamos ainda que o acidente ou a doença relacionada ao trabalho será sempre o resultado, a consequência, o efeito negativo de uma cadeia de eventos interligados. Pois, para cada acidente se faz necessário existir causas primárias e fatores secundários, visto que tais acontecimentos fazem parte do princípio universal da causalidade, conhecido por muitos como a lei de causa e efeito ou ação e reação. É importante destacar também que, na relação de causa e efeito, devemos manter o foco na conquista de efeitos positivos, como por exemplo, alcançar a meta de 1.000 dias sem a ocorrência de acidentes e ir além; ou propor premiações em segurança e saúde no trabalho. A figura 9 ilustra a relação de causa e efeito com mais detalhes.

Figura 9 – Relação de causa e efeito

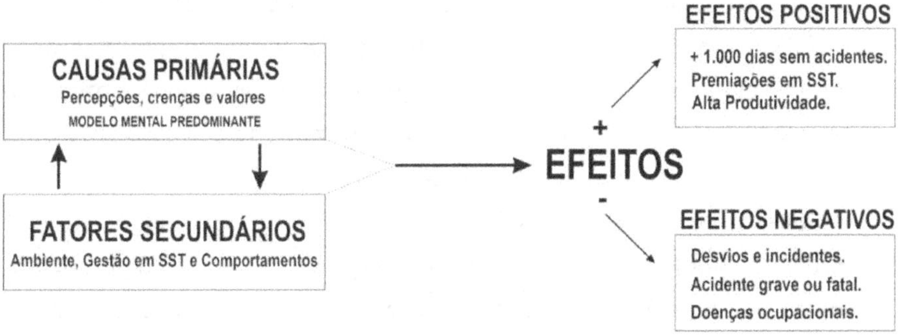

No que se refere aos efeitos negativos da cultura de segurança de uma empresa, pode-se acrescentar também questões sobre o absenteísmo, que é a soma de ausências dos funcionários durante a jornada normal de trabalho, que pode ocorrer por atrasos, faltas, ou saídas adiantadas. Da mesma forma, existe o presenteísmo que é um fenômeno no qual o funcionário está na empresa, contudo, por diversos motivos, não consegue entregar minimamente os resultados esperados. Acrescenta-se ainda aos efeitos negativos da cultura de segurança, multas de órgãos governamentais, multas contratuais, processos trabalhistas e entre outros. Sobre os efeitos positivos relacionados a cultura de segurança, pode-se incluir o ROI, Retorno sobre o Investimento, que se refere a cursos, seminários, palestras, treinamentos e programas de capacitação de líderes e liderados, dentre outros. No entanto, é preciso entender que os efeitos positivos ou negativos possuem relação direta com os estágios de desenvolvimento da cultura de segurança de uma empresa.

1.5 – O DESENVOLVIMENTO DA CULTURA DE SEGURANÇA.

"Acredito que a segurança do trabalho nunca poderá ser classificada como uma despesa operacional, visto que representa um investimento em vidas.
Rodrigo Souza - Coordenador de Operações (Stratum Reservoir)

A concepção de maturidade foi desenvolvida pelo Software Engineering Instituto (SEI) na década de 1980, nos Estados Unidos e visava atender a uma necessidade do governo objetivando classificar a capacidade de empresas contratadas para desenvolver sistemas de informática. A capacidade das empresas era classificada conforme o seu estágio de maturidade (PAULK et al., 1993). O modelo previa os seguintes estágios: inicial (initial), o repetível (repeatable), o definido (defined), o gerenciado (managed) e otimizável (optimizing). Posteriormente, o conceito de maturidade foi adaptado para ser usado em outros ramos de atividades (FLEMING, 2001).

Sabemos que Hudson (2001) apresentou um modelo de maturidade de cultura de segurança que evolui em estágios, desde o estágio inicial, o patológico, até o estágio final, o construtivo. Este modelo proposto por Hudson teve como referência os três estágios de cultura criados por Westrum (1993). Abaixo é descrito de forma sucinta cada estágio de maturidade de cultura de segurança do modelo de Hudson (2001), conforme a figura 10.

Figura 10 – Modelo de maturidade da cultura de segurança proposto por Hudson (2001)

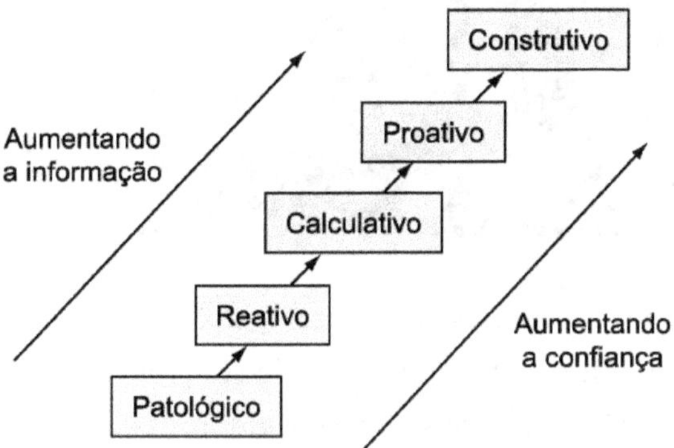

1. Estágio patológico (pathological stage) - nesta etapa não há nenhum interesse da Alta Administração por questões de segurança e saúde no trabalho na empresa. Quando muito, adotam-se ações apenas para atender à legislação vigente. Neste estágio, a informação não flui como deveria, visto que é usada como vantagem pessoal dentro da empresa. Os acidentes não são devidamente relatados, pois a empresa não oferece meios necessários, para que isso ocorra e nem os funcionários sentem confiança ou motivação para fazê-lo. Quando a informação sobre um acidente vem à tona, a empresa de imediato encontra culpados para o evento, desta forma não existe análise de causas, plano de ação, acompanhamento e, por conseguinte, não existe o comprometimento por parte de todos. Assim, a aprendizagem organizacional não ocorre. Cursos e treinamentos em SST, quando realizados, são de péssima qualidade, visando apenas atender aspectos legais, uma vez que não existem investimentos ou programas para capacitação de líderes e liderados em assuntos ligados a prevenção de acidentes. Quando a cultura de segurança da empresa encontra-se no estágio patológico, no momento que ocorre um acidente de trabalho, a vítima será sempre a culpada pelo acontecido, conforme ilustra a figura 11.

2. Estágio reativo (reative stage) – nesta fase existe certo interesse da Alta Administração da empresa por questões de segurança e saúde no trabalho, contudo as ações são realizadas somente depois de acidentes de trabalho ter ocorridos. Ou seja, são ações que buscam apenas dar respostas imediatas aos acidentes do trabalho. Neste estágio, procura-se remediar situações envolvendo riscos ocupacionais e a Alta Administração ainda considera falhas dos funcionários, como a causa principal dos acidentes.

3. Estágio calculativo (calculative stage) – nesta terceira etapa a empresa já dispõe de um sistema consolidado para gerenciar os riscos de seus processos, todavia no estágio calculativo a organização ainda não tem uma visão sistêmica da segurança e saúde no trabalho. Porque as ações estão mais voltadas para quantificar os riscos e o termo calculativo é empregado para deixar evidente que as questões relacionadas à prevenção de acidentes são justificadas por meio de cálculos específicos, que relacionam a ocorrência de incidentes com o custo monetário e o que estes representam para a empresa.

4. Estágio proativo (proactive stage) – nesta quarta etapa a empresa já possuiu uma cultura de segurança em estágio avançado. Isto é, o estágio proativo é uma etapa de passagem para o último nível. No entanto, os valores sobre segurança e saúde no trabalho ainda não estão internalizados, mesmo existindo a procura para se antecipar aos problemas, na qual as ações de melhoria são realizadas continuamente.

5. Estágio construtivo (constructive stage) – no último estágio, a segurança e saúde no trabalho destacam-se como valores principais na empresa, porque existe um sistema totalmente integrado e consolidado em SST. A empresa então realiza suas operações e negócios com base neste sistema. Assim, o processo de melhoria contínua da organização está sempre tentando encontrar as melhores formas de minimizar, controlar ou eliminar os riscos ocupacionais.

Podemos afirmar que esta evolução cultural acontece de forma gradual e não da noite para o dia. Isso porque a empresa e os funcionários sobem de patamar, quando todos compreendem a importância de sair da fase de cumprimento da legislação. Assim, através dos cálculos das perdas, identificam em conjunto a melhor maneira de garantir um ambiente seguro e saudável, sem perdas humanas, desperdício de matérias e com aumento da eficiência e produtividade. Desta forma, assumem o controle do ambiente de trabalho e passam a construir um sistema de gestão de segurança e saúde no trabalho, onde prioridade é ter zero acidente. No entanto, esta evolução requer muito trabalho, dedicação, envolvimento e comprometimento de todos e tem início na Alta Administração da empresa. A figura 12 ilustra o compromisso da Alta Administração com a cultura de segurança participando e apoiando o sistema de gestão em SST. Desta forma, saber como avaliar a cultura de segurança de uma empresa representa uma vantagem estratégica em sua trajetória profissional.

Figura 12 – Reunião de SST com a Alta Administração da empresa

2 – A ANÁLISE DA CULTURA DE SEGURANÇA DE UMA EMPRESA

"O que pode ser medido pode ser melhorado".
Peter Drucker

A fim de iniciarmos a abordagem sobre o diagnóstico da cultura de seguran-ça de uma organização, é importante compreendermos que uma empresa é um organismo vivo, já que é formada por pessoas que trabalham em áreas diferentes sobre uma estrutura interligada. Naturalmente com o passar do tempo os desafios internos e externos mudam, não raro de maneira drástica, e os velhos métodos se tornam ineficientes, exigindo uma nova postura da Alta Administração, para que a empresa evite a ocorrência de acidentes de trabalho e continue crescendo. Sabemos que algumas mudanças são frequentes e inevitáveis, como por exemplo: mudanças tecnológicas; mudanças culturais ou sociais; economia; política, leis e regulamentos; pandemias e ação de concorrentes.

Diante de tantas mudanças, antes da implantação do SAFETY MOMENT, é importante obtermos um ponto de referência (diagnóstico) sobre o nível de maturidade da cultura de segurança da empresa. Pois, com uma visão clara e realista sobre a atual situação da empresa, você poderá direcionar o foco para questões relevantes à segurança e à saúde no trabalho, poderá também elaborar e colocar em prática estratégias inteligentes, para a conquista de excelentes resultados. Com base no modelo de Hudson (2001), validado no Brasil por Gonçalves Filho (2011), como resultado de nossas pesquisas e para auxiliar os profissionais de SST, líderes, gestores e estudantes a realizarem um primeiro diagnóstico do nível de maturidade da cultura de segurança da empresa, o qual pode e deve ser aprofundado posteriormente, elaboramos o modelo de avaliação (SCA – Safety Culture Assessment). Este modelo de avaliação tem por base os seis elementos em evidência dentro de uma empresa de qualquer tamanho ou segmento.

Com o propósito de esclarecermos pontos fundamentais do modelo de avaliação SCA, apresentamos a seguir uma descrição detalhada de cada um destes elementos, iniciando pela liderança, porque acreditamos que a liderança exerce papel fundamental no sucesso ou fracasso de qualquer projeto. Ressaltamos também que os fatores: informação; aprendizagem organizacional; envolvimento; comunicação e comprometimento são considerados por diversos autores (ZOHAR, 1980; WESTRUM, 1993; REASON, 1997; e FLIN, 2000 apud GONÇALVES FILHO, 2011) como elementos fundamentais para qualificar a cultura de segurança de uma empresa.

2.1 – O PRIMEIRO ELEMENTO É A LIDERANÇA

> *"Por trás de todo líder existe uma equipe que trabalha com respeito, ética, lealdade e transparência. Um líder não terá sucesso se não motivar a sua equipe. Então, o líder deve inspirar e motivar sua equipe, não impondo seus desejos, mas inspirando e despertando no outro a vontade de segui-lo".*
>
> **Thiago Abreu, MBA** – Supervisor de Operações de
> Laboratórios na Stratum Reservoir / EUA

A Alta Administração da empresa deve demonstrar liderança em assumir a responsabilidade pela prevenção de acidentes e promoção da saúde dos funcionários nos ambientes de trabalho. Esta deve também assegurar e promover a melhoria contínua na empresa, porque a liderança é o motor para elevar e consolidar o nível de maturidade da cultura de segurança. Os líderes devem partir da crença fundamental de que todo acidente de trabalho pode e deve ser evitado. Os líderes precisam também compreender que todo incidente ou desvio independente da gravidade merece atenção, análise de causa e o devido tratamento. Afinal, o que é pior ou mais grave: um funcionário que trabalha no escritório e desce uma escada correndo sem usar o corrimão ou um operador que desativa o sensor de segurança de uma máquina? Um motorista que não respeita os limites de velocidade ao conduzir o veículo da empresa ou um ajudante do setor de produção que passa por baixo de uma carga suspensa? Realizar tarefas sem usar os EPIs ou obstruir extintores e hidrantes? Caminhar de forma distraída na área operacional usando o aparelho celular ou operar um equipamento sem a devida capacitação e autorização? Sabemos que tais eventos vão de encontro aos princípios fundamentais relacionados a prevenção de acidentes e a liderança deve agir imediatamente de forma justa, imparcial e proativa, diante de fatos desta natureza.

Logo, o papel da liderança deixa de ser posicional, voltado para obtenção de vantagens específicas, e passa a direcionar seu foco em planejamentos, que contemplam a participação direta da segurança e da saúde no trabalho. O compromisso dos líderes com o trabalho seguro e saudável deverá ser demonstrado pelo exemplo prático, através de ações visíveis, como sua participação direta e regular em reuniões, cursos, palestras, treinamentos e demais atividades de segurança e saúde no trabalho. Neste ponto, a liderança, em prol da prevenção de acidentes, é exercida em todos os níveis da empresa, pois os líderes usam sua influência para incutir nos funcionários os benefícios de trabalharem de forma segura, deixando claro que a prevenção é um valor inegociável dentro da organização.

O modelo participativo da liderança em todos os aspectos de um programa de segurança e saúde no trabalho é uma das formas mais poderosas de mudar as atitudes dos empregados. Assim, os líderes devem se esforçar para resolver de forma ágil as falhas na segurança e apoiar os empregados, que buscam as melhorias no ambiente de trabalho, reconhecendo e incentivando cada ação e conquista nos índices de redução de acidentes, incidentes e condições inseguras dentro da empresa. Os líderes devem se preocupar com o constante aperfeiçoamento profissional de seus liderados, necessitam também trabalhar com metas específicas e mensuráveis em SST, fazer uso de feedbacks, avaliações de desempenho e compartilhar informações.

2.2 - A INFORMAÇÃO NECESSITA SER COMPARTILHADA

"Na era da informação, a invisibilidade é equivalente à morte".
Zygmunt Bauman

Em empresas com elevado nível de maturidade da cultura de segurança, as informações necessárias para a tomada de decisões estão disponíveis aos funcionários e são comunicadas abertamente, de modo que os colaboradores têm total confiança em seus líderes para relatar desvios e incidentes ocorridos. Sabemos que compartilhar informações e facilitar a comunicação aberta de assuntos ligados a saúde e segurança do trabalho, além de desenvolver a confiança, também encoraja as pessoas a agirem como se fossem donas da empresa, manifestando o sentimento de possuir a prevenção de acidentes como valor inegociável. Logo, ao compartilhar informações, a organização pode contar com funcionários capazes de sugerir melhorias de processos, já que ótimas ideias são apresentadas para prevenir incidentes, melhorar o planejamento e análise de riscos ocupacionais.

Para exemplificar esse ponto, imagine que você trabalha em uma empresa que possui 12 unidades operacionais, distribuídas por vários estados do país e ocorreu um incidente em uma dessas unidades, durante uma movimentação de cargas uma peça caiu da ponte rolante, contudo ninguém se machucou. Em um primeiro momento, geralmente em até 24 horas, deve-se, a partir de um procedimento interno, emitir uma espécie de Alerta de SST para todas as outras unidades (informação compartilhada). Esse alerta deve conter informações preliminares: uma breve descrição do ocorrido, com algumas imagens do acontecimento com o devido cuidado para não expor funcionários, tal documento poderia ter uma foto do local que ocorreu o incidente, da peça que caiu ou da cinta de elevação que se rompeu, visando reforçar o entendimento da descrição textual. De preferência, este documento deverá ser emitido em um formulário padrão de conhecimento de todas as unidades. Depois, ao finalizar o processo de investigação deste incidente, dentro de um prazo determinado, deve-se emitir outro comunicado (informação compartilhada) em formulário padrão, contendo informações detalhadas do que aconteceu, como aconteceu, a análise de causa, o plano de ação e as oportunidades de melhoria. Logo, este exemplo, além de abranger o elemento descrito (informação compartilhada), cria uma conexão com o próximo elemento que é a aprendizagem organizacional.

2.3 – APRENDIZAGEM ORGANIZACIONAL

Representa a forma como a organização trata os acidentes, os incidentes, as informações recebidas dos empregados e os índices de desempenho, objetivando a melhoria da segurança do trabalho, como uma busca contínua, no sentido de melhorar os processos, visando à segurança do trabalho (REASON, 1997 apud GONÇALVES FILHO, 2011).

A aprendizagem organizacional é uma excelente maneira de contribuir com a cultura de segurança da empresa, porque é um processo eficiente, importante e propício ao compartilhamento de conhecimentos. Entretanto, apenas em empresas com elevado nível de maturidade da cultura de segurança, existe foco na melhoria de suas capacidades ligadas a prevenção por meio da aprendizagem organizacional. Vale destacar ainda que a aprendizagem organizacional é diferente da aprendizagem individual, todavia empresas que prezam pela cultura de segurança se envolvem com as duas formas de aprendizagem.

Retomando o exemplo do item anterior (informação compartilhada) sobre incidente de uma peça caiu da ponte rolante, vamos supor que este evento ocorreu durante a realização de uma tarefa comum as outras unidades. Ao compartilhar o Alerta de SST e o formulário final com as outras unidades, além de terem acesso a essas informações, as unidades terão a oportunidade de aprender com o incidente, evitando que um acontecimento semelhante ocorra novamente em outro setor da organização. Desta forma, verificamos a necessidade da existência de coerência e aplicabilidade entre informação compartilhada e a aprendizagem organizacional, utilizando eventos, similares ao exemplo mencionado, como pauta para reuniões com gestores de todas as unidades da empresa. Estes encontros poderão ser realizados de forma presencial ou on-line, contudo é de suma importância que o gestor ou o responsável operacional do setor, que ocorreu o incidente, detenha a iniciativa de apresentar os fatos, a análise de causa, o plano de ação, as oportunidades de melhoria e todos os itens relacionados a aprendizagem organizacional.

Assim, podemos concluir que a aprendizagem organizacional está diretamente ligada à forma como é realizada a análise dos incidentes, acidentes e desvios, como são propostas as ações preventivas e corretivas, como são implementadas tais ações de melhoria, com foco no aperfeiçoamento de processos e na busca contínua para minimizar ou eliminar riscos nos ambientes de trabalho. Acima de tudo, existe um fator essencial neste contexto, o envolvimento de todos com a prevenção de acidentes.

2.4 – O ENVOLVIMENTO ESPONTÂNEO

O envolvimento diz respeito à efetiva participação dos funcionários, seus líderes e gestores em assuntos ligados a segurança e saúde no trabalho. Neste sentido, existe o envolvimento e contribuição individual e em equipe para assuntos relacionados com a prevenção de acidentes, como por exemplo: reportes de SST; analise dos acidentes, incidentes e desvios; identificação de perigos; avaliação de riscos nos ambientes de trabalho; sugestões de ações de melhorias; elaboração e revisão de procedimentos participativos; instruções de trabalho e participação em reuniões específicas.

Por exemplo, quando se elabora ou revisa procedimentos participativos, promove-se o envolvimento dos funcionários com algum assunto específico. Ou, quando é necessário alterar o layout de um setor e o líder consulta e escuta as sugestões de seus liderados, promove-se o envolvimento daqueles colaboradores. Contudo, quando uma empresa decide comprar uma nova máquina e não compartilha essa informação com funcionários, perde-se a oportunidade de envolvimento neste processo. Pior ainda quando, algumas vezes, verifica-se que quando a nova máquina chega ao setor produtivo, esta acaba por não atender à demanda esperada, resultando em mais problemas e riscos operacionais. Aqui, além da perda financeira, existe a perda da possibilidade de envolver os funcionários com o desejo de compra, os quais com certeza iriam sugerir alternativas que economizaria tempo, dinheiro e minimizaria os riscos no sentido geral.

Assim, o objetivo da promoção do envolvimento é dar ao funcionário o desenvolvimento necessário, para que ele possa se tornar autônomo e capaz de identificar os riscos ocupacionais e os aspectos de segurança. Com isso, este poderá conduzir a sua rotina de trabalho, obedecendo todas as regras da empresa, sendo capaz também de perceber quando o ambiente de trabalho não está garantindo a segurança de todos. Então, com confiança e conhecimento o funcionário consegue intervir antes que um acidente possa acontecer. Desta forma, com a promoção do envolvimento o colaborador atuará como mais um agente preventivo, sendo o guardião dos seus companheiros de trabalho, terceiros, visitantes e, até mesmo, em casa e nas comunidades ao seu redor.

Acreditamos também que o propósito da promoção do envolvimento é aferir a célula operacional o empowerment, ou seja, o empoderamento, o que, segundo Abrantes (2009), pode-se dizer "que significa dar poder, autoridade ou liberdade às pessoas. Esta pratica é comum nos ambientes onde se pratica a liderança democrática, em oposição à autocrática." Portanto, um líder eficiente sempre encontra meios para estimular o envolvimento de seus liderados em assuntos ligados a prevenção de acidentes.

Logo, a empresa deverá a todo o momento estimular o envolvimento de seus funcionários em assuntos relacionados a produtividade, a qualidade e a prevenção de acidentes de trabalho, sendo que uma forma prática de alcançar este objetivo é justamente por meio da comunicação assertiva.

2.5 – COMUNICAÇÃO ASSERTIVA

Sobre a comunicação, a empresa deve estabelecer e manter meios necessários para comunicações relevantes a segurança e saúde no trabalho, levando em consideração fatores como idioma, cultura, gênero e escolarização. Em empresas com elevado nível de maturidade da cultura de segurança, há um canal aberto de comunicação entre os funcionários e seus superiores hierárquicos, sobre os temas relativos à prevenção de acidentes de trabalho e inclui a compreensão desta por parte de todos, pois o fundamento da comunicação encontra-se no genuíno interesse do líder pela segurança, aperfeiçoamento, realização e bem estar de seus liderados.

Por exemplo, se o profissional de SST vai realizar um treinamento para o setor de Engenharia da empresa, a forma de se comunicar deverá ser a mais técnica e precisa possível, ao passo que se ele for realizar o mesmo treinamento para funcionários que executam trabalhos operacionais na indústria da construção civil, a forma de se comunicar muda totalmente devido ao nível de escolaridade desta equipe. Contudo, isso não significa perda da qualidade do treinamento, pois o que mudou foi a forma de se comunicar com um público específico.

Logo, os fatos e dados, a mensagem escrita e os resultados expressos por tabelas, gráficos e números, embora sejam valiosos instrumentos de comunicação em uma empresa, devem ser usados apenas como complemento do contato direto e verbal entre o líder e seus liderados. Porque este contato direto estimula a interação entre o líder e os membros da equipe, na contínua busca por meios seguros para execução das atividades no ambiente de trabalho, bem como reforça o comprometimento de todos com os resultados pactuados sobre a prevenção de incidentes.

2.6 – COMPROMETIMENTO DE TODOS

"Comprometimento individual a um esforço conjunto — isso é o que faz um time funcionar, uma empresa funcionar, uma sociedade funcionar, uma civilização funcionar."
Vince Lombardi

O comprometimento ocorre através de métodos e critérios delimitados, no qual empresa mantém processos para monitoramento, análise e avaliação de desempenho em segurança e saúde no trabalho, incluindo a verificação da eficácia de controles operacionais. Acreditamos que a principal indicação do comprometimento da organização se dá pela condição do setor de SST em relação à produção ou prestação de serviços, incluindo também programas de aperfeiçoamento de seus líderes, gestores e liderados, procedimentos participativos, gratificações por mérito, auditorias e sanções disciplinares de forma justa e imparcial. Desta forma, como evidência objetiva do comprometimento da Alta Administração, observa-se a locação de recursos relacionados ao tempo, dinheiro e pessoas para a gestão em SST. De modo que, existe coerência entre as políticas, discursos e ações sobre prevenção de acidentes de trabalho. Portanto, a Alta Administração da empresa precisa dispor de um modelo mental proativo, abrangente e sistêmico e necessita também efetivar ações que demonstrem o continuo comprometimento com a segurança e saúde no trabalho, porque sem ação não existe envolvimento, sem envolvimento não existirá comprometimento, sem comprometimento não haverá mudanças e sem mudanças não haverá resultados positivos. A figura 13 apresenta este ciclo. Salientamos mais uma vez que é necessário existir total coerência entre o discurso e as ações, para que ocorram as mudanças necessárias.

Figura 13 – Ciclo de resultados em SST

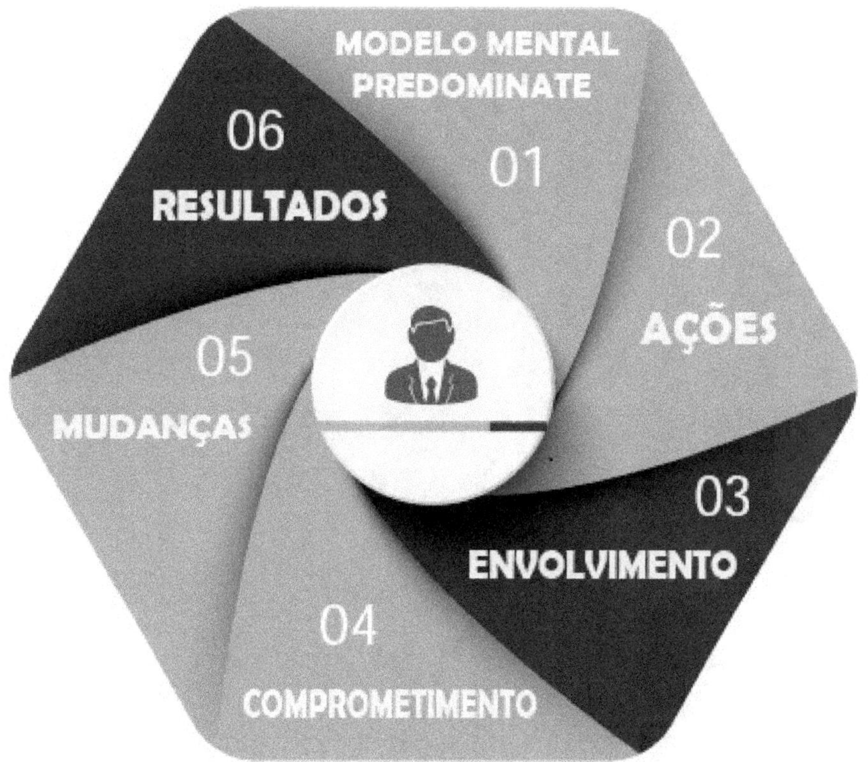

3 – COMO ANALISAR A CULTURA DE SEGURANÇA DE UMA EMPRESA

Saber como avaliar o nível de maturidade da cultura de segurança de uma empresa pode ser uma tarefa desafiadora para muitos profissionais de SST, líderes e gestores. Entretanto, quando o seu objetivo principal é conseguir um marco referencial para direcionar o seu planejamento estratégico, a fim de conseguir melhores resultados em um curto espaço de tempo, é importante obter um diagnóstico inicial. Somente após a avaliação inicial, você poderá mensurar o seu progresso ou alterar alguma etapa do planejamento.

3.1 A AVALIAÇÃO SCA (SAFETY CULTURE ASSESSMENT)

A avaliação a seguir é baseada em algumas perguntas, que estão relacionadas aos (seis) elementos descritos anteriormente. Trata-se de uma avaliação desenvolvida como um projeto de pesquisa. Cada pergunta desta avaliação pode fazer com que apareçam novas perguntas durante o processo de reflexão. Desta maneira, a cada pergunta, reflexão e resposta, o diagnóstico vai ficando mais completo. É importante reservar um espaço em sua agenda para realizar esta avaliação com calma. Evite tarefas simultâneas, interrupções, distrações e seja imparcial em suas respostas. Ressaltamos que o modelo desenvolvido em nosso estudo foi construído tendo como base os padrões propostos por Hudson (2001). No entanto, realizamos pequenas modificações objetivando torná-lo mais próximo à nossa realidade. Informamos também que não optamos pelo modelo proposto por Fleming (2001), porque o seu sistema é relevante apenas para empresas, que atendam aos critérios descritos abaixo:

a) tenha um adequado sistema de gestão da segurança do trabalho;

b) a maioria dos acidentes não sejam causados por falhas técnicas;

c) atenda às leis e normas sobre segurança no trabalho;

d) a segurança do trabalho é dirigida para evitar acidentes.

Logo, entendemos que tais condicionantes restringem a aplicação do modelo proposto por Fleming (2001) no atual contexto brasileiro. Vale ressaltar que o Brasil ocupa há muitos anos as primeiras posições no ranking mundial em ocorrência de acidentes e doenças relacionadas ao trabalho

- AVALIAÇÃO SCA -
SAFETY CULTURE ASSESSMENT

Em uma escala de 1 a 5, até que ponto você discorda ou concorda com as seguintes afirmações? Considere as seguintes pontuações:

1 = Discordo.
2 = Discordo parcialmente.
3 = Sou neutro.
4 = Concordo parcialmente.
5 = Concordo.

1º ELEMENTO - LIDERANÇA	
ITEM AVALIADO	**NOTA**
Os líderes da empresa demonstram compromisso visível com relação aos assuntos ligados a segurança e saúde no trabalho.	
Os líderes apoiam seus liderados em questões práticas relativas à prevenção de incidentes.	
Os líderes dão suporte a programas voltados ao contínuo aperfeiçoamento profissional de seus liderados, através de cursos, reuniões, palestras e treinamentos em SST.	
Os líderes participam da avaliação de desempenho de seus liderados em SST.	
Existe coerência entre a política, o discurso e as ações da liderança no tocante a segurança e saúde no trabalho.	
RESULTADO DO ELEMENTO AVALIADO (some os pontos).	

2º ELEMENTO - INFORMAÇÃO COMPARTILHADA	
ITEM AVALIADO	**NOTA**
Os funcionários se sentem à vontade para informar qualquer tipo de incidente, acidente ou desvios durante a realização de suas tarefas.	
A organização oferece e incentiva o uso de meios adequados que permitem aos colaboradores informarem qualquer tipo de incidente, acidente ou desvios.	
Todos os incidentes, acidentes ou desvios, que acontecem na organização, são devidamente informados pelos funcionários.	
Funcionários terceirizados possuem acesso à informação compartilhada sobre segurança e saúde no trabalho e se sentem à vontade para informar qualquer tipo de incidente, acidente ou desvios durante a realização de suas tarefas.	
A empresa possui critérios evidentes de desempenho em segurança e saúde no trabalho.	
RESULTADO DO ELEMENTO AVALIADO	

3º ELEMENTO - APRENDIZAGEM ORGANIZACIONAL	
ITEM AVALIADO	**NOTA**
A empresa incorpora continuadamente novas aprendizagens em SST, de acordo com as formas já padronizadas de conduzir seus processos.	
A organização realiza a devida investigação de todos incidentes, acidentes ou desvios, demonstrando preocupação em eliminar as causas primárias destes e informar os resultados para todos os funcionários, objetivando registrar e compartilhar as lições aprendidas.	
Os funcionários da empresa recebem apoio eficaz e motivação para desenvolver novas competências em segurança do trabalho.	
São realizadas avaliações de desempenho por competências de forma individual e em equipe, no que diz respeito a assuntos ligados a segurança e saúde no trabalho.	
A empresa compartilha os objetivos estratégicos em SST a médio e logo prazo com todos os funcionários e demonstra preocupação em aperfeiçoar competências chaves, visando criar um ambiente propício ao desenvolvimento de todos de forma segura e saudável.	
RESULTADO DO ELEMENTO AVALIADO	

4º ELEMENTO - ENVOLVIMENTO	
ITEM AVALIADO	**NOTA**
Todos os funcionários são incentivados a participarem de questões sobre SST.	
Todos os processos produtivos ou de prestação de serviços são planejados e funcionam levando em considerações as normas e procedimentos de SST.	
Funcionários, líderes e gestores se interessam em participar de questões sobre SST.	
A empresa promove campanhas, encontros, reuniões e oportunidades com o objetivo de motivar a participação dos funcionários em questões sobre SST.	
Em mudanças de layout produtivo, em atividades não rotineiras ou na aquisição de novas máquinas e equipamentos, a empresa encontra-se aberta para receber sugestões e críticas de seus funcionários, no que diz respeito a segurança e saúde no trabalho.	
RESULTADO DO ELEMENTO AVALIADO	

5º ELEMENTO - COMUNICAÇÃO	
ITEM AVALIADO	**NOTA**
A comunicação sobre segurança e saúde no trabalho, feita pela organização, consegue alcançar todos os funcionários, incluindo os prestadores de serviços.	
Na empresa, planos, procedimentos, notícias, melhorias realizadas e decisões em segurança e saúde no trabalho são comunicados de forma que sejam claramente entendidos por todos os funcionários.	
Há um canal (murais, revistas, intranet, aplicativos, TV corporativa, entre outros) acessível de comunicação entre a Alta Administração e os demais funcionários, para tratar de questões sobre segurança e saúde no trabalho.	
Líderes e gestores conhecem o grau de maturidade dos membros de sua equipe, suas motivações, suas competências e suas expectativas de modo a definir a forma de comunicação mais assertiva.	
Sobre SST, a mensagem escrita e os resultados expressos por tabelas, gráficos e números são claramente entendidos por todos os funcionários e existe preocupação por parte da liderança em esclarecer dúvidas que possam surgir.	
RESULTADO DO ELEMENTO AVALIADO	

6º ELEMENTO - COMPROMETIMENTO	
ITEM AVALIADO	**NOTA**
A Alta Administração investe regularmente em segurança e saúde no trabalho em todos os setores e áreas da empresa, e o planejamento em SST é incorporado ao planejamento de outras áreas.	
A empresa realiza auditorias com foco em meio ambiente, segurança e saúde no trabalho em todos os setores e os procedimentos apresentam as melhores práticas, sendo constantemente revisados.	
A empresa promove continuamente palestras, cursos, treinamentos e campanhas em segurança e saúde no trabalho para todos os funcionários.	
A Alta Administração da empresa demonstra, por meio de ações práticas e pelo exemplo, o continuo comprometimento com a segurança e saúde no trabalho.	
Líderes e liderados se identificam com os objetivos e metas da empresa e desejam contribuir de forma espontânea com a melhora dos indicadores de SST, pois sentem-se valorizados e orgulhosos de trabalhar na organização.	
RESULTADO DO ELEMENTO AVALIADO	

3.2 – VERIFIQUE OS NÚMEROS E TRABALHE COM FATOS E DADOS

Como a sua empresa se saiu? Você conseguirá responder a essa pergunta se analisarmos os números, os fatos e dados. Então, primeiro devemos avaliar cada elemento para determinar o nível de desempenho do elemento na organização. Em seguida, vamos avaliar o conjunto destes elementos para encontrarmos o nível de maturidade da cultura de segurança da empresa. Para tanto, some os pontos de cada item para determinar o nível de desempenho da empresa em cada elemento avaliado. Conforme a legenda da tabela 14, para cada elemento em análise, pode-se encontrar a seguinte classificação de possibilidades: 1º Alto desempenho, 2º Médio desempenho, 3º Baixo desempenho ou Nível de desempenho crítico.

Tabela 14 – Tabela representando o nível de desempenho por elemento

NÍVEL DE DESEMPENHO POR ELEMENTO	
Se o resultado for de 23 a 25 pontos	**Alto desempenho**
Se o resultado for de 16 a 22 pontos	**Médio desempenho**
Se o resultado for de 9 a 15 pontos	**Baixo desempenho**
Se o resultado for igual ou menor que 8 pontos	**Desempenho crítico**

Resultado obtido no 1º Elemento: __________ = ________________________

Resultado obtido no 2º elemento: __________ = ________________________

Resultado obtido no 3º Elemento: __________ = ________________________

Resultado obtido no 4º elemento: __________ = ________________________

Resultado obtido no 5º Elemento: __________ = ________________________

Resultado obtido no 6º elemento: __________ = ________________________

O passo seguinte é encontrarmos o nível de maturidade da cultura de segurança da empresa, segundo o seu ponto de vista. Como faremos isso? Vamos somar os pontos de todos os elementos e depois iremos consultar a legenda da tabela 15, que indica cinco possibilidades.

Tabela 15 – Tabela representando o nível de maturidade da cultura de segurança

NÍVEL DE MATURIDADE DA CULTURA DE SEGURANÇA	
Se o resultado for de 141 a 150 pontos	**NÍVEL CONSTRUTIVO**
Se o resultado for de 121 a 140 pontos	**NÍVEL PROATIVO**
Se o resultado for de 81 a 120 pontos	**NÍVEL CALCULATIVO**
Se o resultado for de 41 a 80 pontos	**NÍVEL REATIVO**
Se o resultado for de 40 pontos ou menos	**NÍVEL PATOLÓGICO**
Resultado obtido: _________ = _________________	

3.3 - COMO DEVO USAR OS RESULTADOS DA MINHA AVALIAÇÃO?

"Pensar e implementar ações relativas à segurança e saúde na atividade laboral é um ato de amor e respeito a vida".
Vito Rangel de Luca – Médico do trabalho.

Apesar desta avaliação poder ajudá-lo a compreender melhor o nível de desempenho de cada elemento e em quais pontos você poderá dedicar mais atenção, no que diz respeito ao nível de maturidade da cultura de segurança da empresa, ela não deve ser utilizada como uma completa análise organizacional. Por isso, recomendamos em primeiro lugar que você conclua a leitura e estudo deste livro, conforme ilustração da figura 16, e depois refaça a Avaliação SCA em grupo. A avaliação pode ser realizada com membros da sua equipe, todavia o ideal é que aconteça com representantes de setores estratégicos da empresa, como: Recursos Humanos, Produção, Manutenção, Engenharia, etc.

Espaço reservado para suas anotações de estudo:

____

____

____

____

____

____

____

____

____

____

____

4 – ONDE ESTOU? PARA ONDE QUERO IR? COMO CHEGAR LÁ?

A primeira pergunta a ser respondida nesta parte do livro é: onde estou? Sua resposta ocorrerá por meio da Avaliação – SCA. Porque ao concluir esta avaliação você conseguirá fazer uma análise do cenário atual da organização, descobrirá o nível de desempenho da empresa em cada um dos elementos da cultura de segurança e, após realizar a soma de todos os pontos destes elementos, você também descobrirá o nível de maturidade da cultura de segurança.

Assim sendo, digamos que ao avaliar o 1º elemento, a liderança, você encontrou uma pontuação muito baixa na análise de desempenho, temos então uma oportunidade de melhoria. Isso indica, por exemplo, que a empresa necessita começar a trabalhar questões, que envolvam o aperfeiçoamento de líderes e gestores, através de um programa específico, em que o setor de Recursos Humanos (Gente e Gestão) da empresa possa ajudar neste processo. Lembre-se também que você deverá proceder de forma análoga com os demais elementos, que compõem a cultura de segurança da empresa.

Então, esse ponto de partida facilita responder a próxima pergunta: para onde quero ir? Com a devida compreensão de onde estou, você poderá fazer uma projeção assertiva de onde quer chegar, contudo não se esqueça que existe a sua frente uma espécie de zona obscura, representada literalmente por todos os problemas e desafios do dia a dia, que podem atrasar ou impedir a sua chegada. Todavia, um dos objetivos deste livro é ajudá-lo a alcançar o seu objetivo principal, fornecendo dicas práticas para que você possa sair ponto A (origem) e chegar com segurança ao ponto B (destino), conforme a ilustração da figura 17.

Muitos profissionais de SST, líderes e gestores não conseguem manter o foco em seu objetivo principal (ponto B), porque não dispõem de consciência da realidade em que se encontram (ponto A) e não possuem as ferramentas certas para iniciar e concluir esta jornada. Para melhor compreendermos esta questão, imagine alguém que esteja perdido em uma grande cidade. Essa pessoa ao fazer uso do aparelho celular, relata este fato para um amigo ou familiar. As primeiras indagações que receberá serão as seguintes: Onde você está? Qual é o nome da cidade? Qual é o nome da rua ou avenida? Qual é o número da rua? Qual é o ponto de referência? Sem tais respostas ficará impossível recebe um direcionamento quanto ao seu destino. De maneira análoga ocorre o mesmo na empresa. Se você, por exemplo, não possui consciência de que a empresa em que trabalha se encontra em um nível patológico, em termos de maturidade da cultura de segurança, começará a querer implantar programas, procedimentos e ferramentas do nível mais elevado. E mesmo com as melhores intenções do mundo corporativo, sentimos muito em dizer, que essa estratégia dificilmente funcionará. As principais consequências, que você começará a perceber, são desgaste físico e emocional, insônia, ansiedade, aumento do peso corporal e irritabilidade. Em outras palavras, você estará perdendo sua saúde e qualidade de vida, fazendo muito esforço para conquistar poucos resultados. É como se literalmente você estivesse enxugando gelo ou numa eterna corrida para alcançar o vento.

Felizmente, à medida que você continua lendo e estudando este livro, perceberá que a neblina do que é desconhecido vai se dissipando e aos poucos você começará a ter clareza do caminho a percorrer. Chegará a um ponto em que a neblina terá dissipada e isso será muito bom, porém ainda não podemos comemorar, porque teremos que avançar em um verdadeiro labirinto, conforme a ilustração da figura 18, e será necessário quebrar algumas barreiras.

Figura 18 – Trajeto a ser percorrido em um labirinto

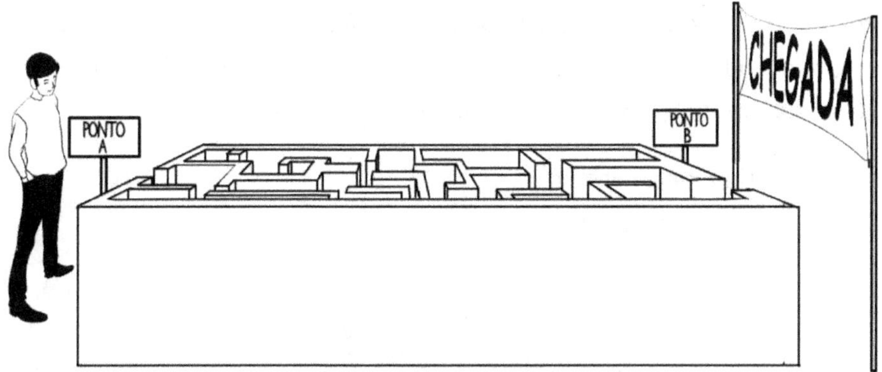

4.1 – QUEBREM AS BARREIRAS, MAS NÃO ESQUEÇAM DE USAR OS EPI'S

"Um homem livre é aquele que, tendo força e talento para fazer uma coisa, não encontra barreiras a sua vontade."
Thomas Hobbes

Para alcançar o ponto B, além do labirinto a percorrer, você também terá que quebrar algumas barreiras, que representam as perguntas: como chegar lá? E que barreiras são essas? Para iniciarmos a resposta destas indagações, compreenda que muito provavelmente em seu primeiro dia de trabalho você percebeu que muitas pendências o aguardavam e à medida que os dias passavam os pedidos de apoio e cobranças iam aumentando. Assim, você constatou também a repetição de determinados problemas. Temos certeza de que você conhece o nome deste ciclo vicioso, sim, chama-se: apagar incêndios, a principal barreira. Apagar incêndios dentro da empresa é uma expressão utilizada para quem deseja buscar uma solução rápida para uma situação urgente. Uma sucessão de problemas, acompanhado de ações para apagar incêndios parece expressar certo alívio momentâneo, mas não cria valor para a empresa, pois o problema não demora muito para retornar mais robusto que antes. Neste contexto, os problemas nunca ganham uma resposta definitiva, porque a causa primordial não é identificada e devidamente resolvida. Assim, os problemas naturalmente tendem a voltar e o ciclo se repete com mais intensidade, conforme demonstra a figura 19. Podemos facilmente citar a perda de tempo, de recursos financeiros e a ocorrência de incidentes, como alguns dos efeitos relacionados ao ciclo de apagar incêndios. Por esta perspectiva, faz-se necessário refletirmos sobre algumas considerações essenciais na empresa.

Figura 19 – Ciclo de apagar incêndios

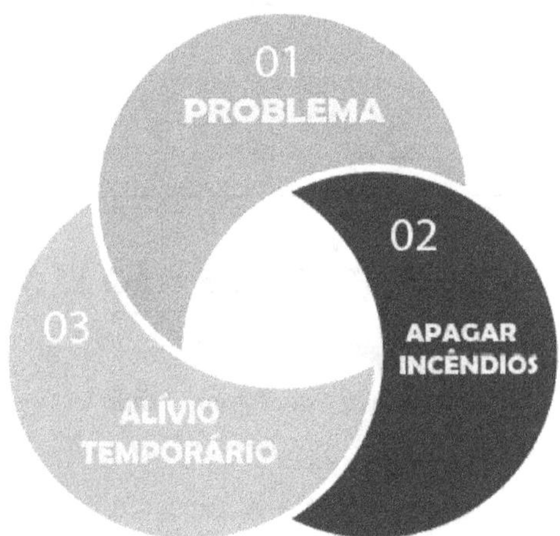

4.2 CONSIDERAÇÕES ESSENCIAIS

Para começarmos a quebrar as barreiras, o primeiro ponto para você considerar é: utilize uma agenda. Pode ser uma agenda física ou eletrônica, mas crie o hábito de fazer uso desta ferramenta para gerar uma lista de rotinas, anotar contatos, destacar algumas tarefas, adicionar compromissos recorrentes, inclusive para deixar de assumir responsabilidades que não são suas.

Para evitar assumir responsabilidades de outros setores, você precisa ter em mente a descrição clara de seus principais deveres na empresa e das prioridades do setor que você representa. Isto quer dizer que se você é da área de SST não deverá assumir responsabilidades do setor de Recursos Humanos, da Engenharia ou da Produção. Então, seja educado e tenha jogo de cintura para recusar determinadas tarefas que não são suas, futuramente, quando saímos do ciclo de apagar incêndios, você poderá até dar um apoio aos outros setores, mas, por agora, não assuma determinados compromissos.

No processo de continuarmos quebrando barreiras, o segundo ponto que você precisa considerar é responder a seguinte pergunta: na empresa em que trabalho, quem é o meu cliente principal? Compreenda que internamente você tem muitos clientes. Na verdade, todos os funcionários são seus clientes e todo cliente deseja ser bem atendido. Para refletirmos melhor sobre essa questão, acreditamos que se você for a uma loja ou em um restaurante e for mal atendido, dificilmente você retornará e também não indicaria a seus amigos. Não é verdade? Entretanto, na empresa não funciona desta forma, você não pode simplesmente dizer "naquele setor eu não irei mais", porque existe uma relação de interdependência. Na prática, o que mais observamos é um desequilíbrio na relação interna (cliente x fornecedor) entre os setores da empresa. Como por exemplo, o funcionário toda vez que entra na sala do setor X, apresenta uma face mal humorada, com uma postura corporal de insatisfação, misturada com uma pitada de raiva e repulsa. Isso provavelmente significa, que ele na qualidade cliente interno não foi bem atendido outras vezes que foi a este setor. Vamos deixar claro aqui que o conceito "ser bem atendido" não significa estender um tapete vermelho, oferecer uma limonada ou uma poltrona confortável, para descanso ao som de uma música clássica. Estamos falando simplesmente de ser justo, oferecer atenção, olhar nos olhos da pessoa e dizer com sinceridade não posso realizar esta tarefa, porque se trata da competência de outra área; ou só posso assumir este compromisso amanhã e no dia seguinte honrar com o compromisso estabelecido; ou ainda auxiliar no que for possível, orientar, direcionar. Sabemos que na qualidade de fornecedor interno você nem sempre vai conseguir atender um funcionário (cliente interno) em determinado período, no entanto, quando isso ocorrer agende um horário específico com ele, evite simplesmente dizer "eu não posso falar com você agora".

Entenda que antes de você responder à pergunta; quem é meu cliente principal? Precisamos terminar de explicar o conceito interno de cliente e fornecedor. Assim, por exemplo, se você é um profissional de SST e na empresa que trabalha possui um quadro efetivo de duzentos funcionários, isso significa que você terá duzentos possíveis clientes. Neste cenário, se um funcionário da produção possui dúvidas quanto alguma questão de segurança, ele é seu cliente. Se o seu gestor de produção necessita de alguns dados estatísticos de sua área, ele é o seu cliente. Se o funcionário do almoxarifado pede para você assinar uma requisição, ele também é seu cliente. Mas, se o gerente geral ou o diretor, necessita de um relatório de SST, ele é seu cliente principal e necessita ser atendido o mais rápido e da melhor maneira possível. A única exceção para um atraso justificado seria a necessidade de cuidar de algo relacionado a algum risco grave e iminente e mesmo nesta condição seu cliente principal deverá ser devidamente informado sobre os acontecimentos, com a promessa de ser atendido, assim que concluir tal demanda. A figura 20 apresenta a hierarquia de clientes e o ajudará a responder as perguntas abaixo:

Figura 20 – Ordenação de clientes em uma empresa

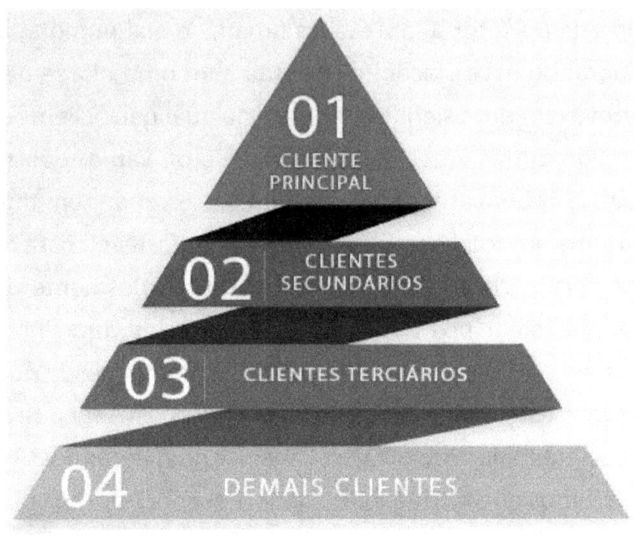

Na empresa que você trabalha, quem é seu cliente principal?

____

____

____

Quem são os seus clientes secundários?

____

____

____

Quem são os seus clientes terciários?

____

____

____

      Para concluirmos o conceito interno de cliente e fornecedor, acreditamos que você provavelmente conhece profissionais de SST ou de outras áreas, que trabalham bastante, dedicam-se ao máximo, são prestativos e terminam o dia atendendo vários clientes internos, todavia não conseguem priorizar a pirâmide descrita na figura 20. Sabe o que normalmente acontece? Depois de algum tempo, esse profissional é desligado da empresa, alguém comenta "que injustiça ele ajudava todo mundo". Pois é, ele atendia a todos, menos ao seu cliente principal. Talvez, seu cliente principal tenha pedido um dado estatístico, ou a evolução de determinado indicador, ou até mesmo uma informação pertinente e esse profissional, atendendo a todo mundo, demorou muito tempo para entregar ao seu cliente principal, o que lhe foi solicitado. Imagine que a informação que ele deveria repassar o mais breve possível era o que faltava para concluir um relatório gerencial ou avaliar um contrato, tomar uma decisão sobre determinado assunto, que envolva os acionistas ou o presidente da empresa. Portanto, todos na empresa são seus clientes, mas por questões de hierarquia e responsabilidades comece sempre atendendo o seu cliente principal. Para conquistar e manter a confiança de todos os seus clientes internos, não deixe de responder os e-mails, retornar as ligações telefônicas e ser sincero em seu discurso. Assuma imediatamente qualquer erro, evite atrasos, peça desculpa com sinceridade. Trate sempre todos os funcionários com muito respeito e educação, porque eles são os seus clientes internos.

Para continuar quebrando as barreiras, o terceiro ponto a considerar que é: elimine tudo que desperdice o seu tempo. Assim, esteja atento a tudo que pode roubar seu tempo, por exemplo, não fale sobre política, futebol e assuntos polêmicos no ambiente de trabalho. Evite conversas de corredores; checagem excessiva de e-mails de cunho pessoal; não trabalhe em relatórios de pouca importância e exclua assuntos que não agregam valor aos seus objetivos profissionais. Tenha discernimento quanto ao uso das redes sociais, chamadas telefônicas, utilização da internet para fins particulares e aprenda a dizer não.

Neste contexto, surge outra pergunta: onde você investe seu tempo? Antes de responder esta pergunta, recomendamos que você, mantenha sua mesa de trabalho organizada, planeje sua semana de trabalho e ao final de cada dia faça ajustes em sua agenda, conforme o avanço conquistado. Sobre onde você investe seu tempo, comece seu planejamento dividindo as tarefas em delegáveis, importantes e urgentes, conforme estabelece o princípio da decisão de Eisenhower, que basicamente consiste numa forma eficaz de gerenciamento do tempo, segundo o grau de importância e urgência de cada tarefa, de acordo com as descrições a seguir.

Tarefas delegáveis: são quaisquer tarefas que precisam ser executadas, mas possui pouca importância no contexto de seu planejamento estratégico. Neste caso, você pode delegar, por exemplo, atender determinados fornecedores; participar de reuniões específicas; elaboração de relatórios; inspeções de rotina; apresentações, entre outras. Por isso, crie o hábito de delegar determinadas atividades, lembre-se que a essência de todo grande líder é formar novos líderes. Logo, quanto mais tarefas você conseguir delegar, mais estará ajudando a pessoa a crescer profissionalmente e mais tempo terá para dedicar ao planejamento corporativo, obtendo uma resposta satisfatória para a pergunta feita anteriormente (Onde você investe seu tempo?).

Tarefas importantes: aqui mora o sonho de consumo da gestão do tempo, já que residem à prevenção em todos os sentidos, o planejamento, a criatividade, o aprendizado e as oportunidades, porque a cada tarefa importante que você concluir, mais próximo estará do seu objetivo principal, ou seja, do ponto B. De modo que, se você quer desenvolver uma carreira profissional de sucesso, dedique tempo para planejar tarefas importantes, defina como executá-las e organize sua vida neste contexto. Contudo, não esqueça que toda tarefa não contemplada ou não executada nesta área passará a ser urgente em determinado momento e o ciclo de apagar incêndios (barreira principal) voltará a consumir seu tempo e energia. Portanto, quanto mais você planejar e executar tarefas importantes, mais resultados significativos você obterá, porque tudo que é importante gera valor para seus indicadores e o aproximará dos resultados esperados.

Tarefas urgentes: em tarefas urgentes reside o desespero, o estresse, crises de todos os tipos e a falta de planejamento, porque o apagar incêndios literalmente anda de mãos dadas com tarefas urgentes. Entenda que permanecer neste ambiente significa sentir-se sufocado e improdutivo. Por isso, trate de resolver as tarefas urgentes e direcione o máximo de seu tempo para o planejamento de suas atividades. Exemplos de tarefas urgentes: prazo vencendo ou vencido; reuniões gerenciais de última hora; problemas com clientes; relatórios importantes não entregues; entre outras. Recomendamos que você nunca deixe de executar as tarefas urgentes. É importante destacar também que se você não gosta de fazer uma determinada atividade, quando possível, esta deverá ser a primeira na sua lista de prioridade, pois executando-a no primeiro horário e ao finalizá-la logo, você se sentirá muito mais motivado para trabalhar e fazer as outras tarefas, visto que conseguiu finalizar a que menos lhe trazia ânimo e satisfação. Da mesma forma, as tarefas não urgentes e sem importância devem ser eliminadas. Acreditamos que agora você pode responder com mais facilidade a pergunta feita inicialmente: onde invisto o meu tempo?

No processo de continuarmos quebrando barreiras, o quarto e último ponto a considerar é: defina a linha de chegada. Lembre-se que ao concluir a avaliação SCA você vai descobrir o ponto A, o ponto de partida. Esta localização refere-se a descobrir o nível de desempenho atual da empresa em cada um dos elementos citados anteriormente (liderança, informação compartilhada, aprendizagem organizacional, envolvimento, comunicação e comprometimento) e o nível de maturidade da cultura de segurança. Assim, compreendemos que existe uma espécie de labirinto entre o ponto de partida e a chegada, mas ao trabalhar de forma consistente as considerações essenciais você acessará este labirinto utilizando um mapa, porém entenda que um mapa é apenas a representação gráfica do território, não o território em si. Queremos dizer com isso que você naturalmente terá que refazer algumas estratégias sempre que julgar necessário. Deverá ser persistente e aprimorar algumas habilidades específicas.

Entretanto, a pergunta a ser respondida é: para onde quero ir? Para respondermos esta pergunta, devemos utilizar o resultado da avaliação SCA como referência principal. Por exemplo, se o resultado obtido indica um nível de maturidade da cultura de segurança "Patológico", vamos direcionar esforços para alcançarmos o próximo nível, "Reativo". Se a sua avaliação indicou que a empresa se encontra no nível "Reativo", vamos traçar estratégias para alcançarmos o nível "Calculativo" e assim sucessivamente. Vale ressaltar que para avançarmos de um nível para o outro, vamos precisar de tempo, estratégias inteligentes e utilização de recursos materiais, pois estamos tratando de cultura, e, neste ponto, não existe mudança da noite para o dia. De quanto tempo estamos falando? Cada caso é um caso, mas em média podemos considerar o prazo de 18 a 24 meses de trabalho intenso, para passarmos ao próximo nível. No entanto, nas próximas páginas vamos considerar uma estratégia de alavancagem para acelerarmos ao máximo esse processo.

2

OBJETIVOS DE APRENDIZAGEM

Após a leitura da segunda parte deste livro, você será capaz de responder aos seguintes questionamentos:

1. O que é a autoliderança e por que ela é tão importante em minha vida profissional?

2. No momento atual, quais são as principais habilidades profissionais, habilidades técnicas e habilidades interpessoais que possuo?

3. Em que área da minha vida eu preciso melhorar com urgência? Que ações eu preciso adotar imediatamente para melhorar nesta área?

4. O que é o MOMENTO DE SEGURANÇA e como posso implantar ou aperfeiçoar esta ferramenta?

5. Qual é a essência do MOMENTO DE SEGURANÇA?

6. Quais são as etapas do SAFETY MOMENT?

7. Como posso conseguir aprovação da alta administração para implantar o SAFETY MOMENT na empresa?

5 - AUTOLIDERANÇA

*A*ntes de definirmos uma estratégia de alavancagem, devemos revisar uma etapa primordial deste processo. Sim, estamos falando da autoliderança, que é a total capacidade de liderar a si mesmo, de ir mais longe, de fazer algo novo, de enfrentar novos desafios e conseguir enxergar oportunidades em todos os espaços e setores da empresa.

No que se refere a competências, você necessita saber quais são seus pontos fortes e quais são seus pontos que precisam ser melhorados. Conforme a figura 21, a autoliderança é à base de um bom líder, porque se você não for capaz de liderar a si mesmo, não conseguirá liderar outras pessoas em prol de seus projetos.

Caso ainda não tenha essa competência, não precisa se preocupar, pois a autoliderança pode ser desenvolvida.

Quando falamos sobre o modelo mental predominante, dissemos que não devemos limitar as nossas capacidades, principalmente, a de promover mudanças. O importante é mudarmos à nossa maneira de pensar, ver o mundo e dar um novo significado para algumas crenças, pois seremos desta forma capazes de mudar os nossos comportamentos, ações e atitudes.

Figura 21 – Autoliderança

A autoliderança e o autoconhecimento se complementam. Existem ferramentas que podem ajudar no processo de autoconhecimento, como por exemplo: a classificação tipológica de Myers-Briggs (Myers-Briggs Type Indicator – MBTI), contudo você também pode pedir indicações aos profissionais do RH (Recursos Humanos) da empresa. Entretanto, antes de solicitar apoio, aconselhamos você a se fazer alguns questionamentos: quais são as minhas principais habilidades profissionais? Quais são as minhas principais habilidades interpessoais? Algumas possibilidades de respostas; delegar, vender, motivar, administrar expectativas, boa comunicação, saber ouvir, aceitar críticas, persuadir, empatia, trabalho em equipe, atitude mental positiva, inteligência emocional, força de caráter, visão sistêmica, entre outros. Quais são as minhas principais habilidades técnicas? Possíveis respostas; efetuar cálculos específicos; resolver problemas, administrar o tempo, orçamentos e mudanças; influenciar decisões, negociações e assim por diante.

Descreva as suas principais habilidades profissionais:

____

____

Descreva as suas principais habilidades interpessoais:

____

____

Descreva suas principais habilidades técnicas:

____

____

5.1 - NÃO IGNORE A AUTOAVALIAÇÃO

"Nenhum homem terá chance para desfrutar um triunfo permanente se não começar por olhar-se num espelho para descobrir a causa real de todos os seus erros."
Napoleon Hill

Diante de vários desafios empresariais e novas demandas do mercado de trabalho, ignorar o processo de autoavaliação pode acarretar em prejuízos futuros e estagnação na carreira profissional, já que a autoavaliação consiste basicamente em refletirmos sobre a forma que pensamos, sentimos e agimos diariamente. Isto é como podemos descobrir os nossos pontos fortes e pontos de melhoria, no contexto pessoal e profissional. Em vista disso, para continuar com o processo referente à autoliderança, você deverá certificar-se de que entendeu plenamente o que seu cargo ou posição na empresa exige, quais são as suas principais atribuições e quais resultados esperam que você disponibilize. Objetivando criar mais valor do que o esperado para organização em que trabalha, você deverá também cuidar muito bem de áreas essenciais da sua vida, como: saúde e qualidade de vida, inteligência emocional, vida afetiva, vida familiar e financeira, vida espiritual ou religiosa, desenvolvimento intelectual, lazer, felicidade e plenitude, contribuição social, realização pessoal e propósito. Visto que, estamos falando sobre a autoavaliação conforme ilustração da figura 22, porque sabemos que a verdadeira mudança ocorre de dentro para fora. Então, inicialmente você precisa assumir o controle de áreas importantes da sua vida, fazendo o "dever dentro de casa", para depois cuidar de projetos externos e ajudar outras pessoas. Saiba que, após concluir a autoavaliação, você terá consciência de quais áreas merecem atenção especial e, assim, você poderá elaborar um plano de ação.

Figura 22 – Autoavaliação

Visando ajudá-lo no processo da autoavaliação, recomendamos que você reserve um tempo específico para responder as próximas perguntas. A figura 23 ilustra uma pessoa respondendo a tais questionamentos.

AUTOA-VALIAÇÃO

Numa escala de 1 a 10, sendo 1 considerado como nota mínima e 10 como nota máxima, faça uma avaliação das áreas abaixo:

SAÚDE E QUALIDADE DE VIDA

A Organização Mundial de Saúde (OMS) define saúde como "um estado de completo bem-estar físico, mental e social e não somente ausência de afecções e enfermidades". Logo, com uma saúde debilitada, você terá dificuldades para implantar o SAFETY MOMENT e concluir outros projetos.

Depois de refletir sobre o texto acima, que nota você daria hoje para a sua saúde e qualidade de vida?

1	2	3	4	5	6	7	8	9	10

Figura 23 – Autoavaliação

Lembre-se que do ponto de vista do aperfeiçoamento profissional, não existe nada mais importante do que a sua saúde e qualidade de vida. Por uma razão muito simples, porque sem saúde você não é nada, não possuí nada e não fará nada.

Portanto, não deixe de consultar um médico e fazer exames regularmente.

A próxima área, que também merece atenção no processo de autoavaliação, é a vida familiar.

VIDA FAMILIAR

Para Serra (1999), a família tem como função primordial a proteção, sobretudo, proporcionando potencialidades para dar apoio emocional para a resolução de problemas e conflitos, podendo ainda formar uma barreira defensiva contra agressões externas.

Assim, acreditamos que o ambiente familiar é um espaço onde deve naturalmente existir afetos, harmonia, proteção e apoio. Desta forma, as relações de segurança, confiança e bem-estar possibilitam a unidade familiar dentro da sociedade. É na família que podemos depositar a nossa confiança, mas se lembre que não existe família perfeita.

Que nota você daria hoje para a sua vida familiar?

1	2	3	4	5	6	7	8	9	10

INTELIGÊNCIA EMOCIONAL

Inteligência emocional é um conceito, que segundo a psicologia, está relacionado com a capacidade do indivíduo em reconhecer e avaliar as suas próprias emoções e sentimentos, bem como também reconhecer e avaliar as emoções e sentimentos dos outros a sua volta, incluindo a capacidade de lidar com situações do dia a dia. Considere um exemplo hipotético, digamos que você é líder ou gestor e passou uma demanda de trabalho muito importante para um funcionário, conduto no final do expediente você constata que ele não fez o serviço, ou não fez como deveria, ou até mesmo fez pela metade. Nesta situação, como você reagiria? De forma explosiva ou responderia com um redirecionamento? Ou digamos ainda que um cliente o tratou mal, agindo de forma mal-educada, faltando com o respeito. Você reagiria da mesma formal? Lembre-se do conceito da inteligência emocional: capacidade reconhecer e avaliar as suas próprias emoções e também reconhecer e avaliar as emoções dos outros, sabendo lidar com as situações do cotidiano de forma profissional e assertiva.

Para obter sucesso no projeto MOMENTOS DE SEGURANÇA, você necessitará desenvolver a sua inteligência emocional para lidar com várias situações e acontecimentos no ambiente de trabalho. Assim, é preciso conciliar o lado emocional e racional do cérebro, reconhecer e neutralizar as emoções negativas, as quais produzem comportamentos destrutivos e, então, potencializar as emoções positivas para gerar os resultados almejados. A figura 24 ilustra pessoas vivenciando diferentes emoções e a postura corporal destas, diante de emoções positivas e negativas. Recomendamos a leitura dos livros de Daniel Goleman: "O cérebro e a inteligência emocional" e "O poder da inteligência emocional: Como liderar com sensibilidade e eficiência".

Que nota você daria hoje para a sua inteligência emocional?

1	2	3	4	5	6	7	8	9	10

Figura 24 – Pessoas vivenciando diferentes emoções

VIDA AFETIVA

Sabemos que a vida não é só trabalho e estudos. Existem outras áreas essenciais que merecem atenção e a vida efetiva é uma dessas áreas. Entenda que a vida afetiva influencia todas as nossas ações e expressões, as quais só podem ser compreendidas com a devida identificação dos afetos que as acompanham, pois a vida afetiva dá cor e brilho a todas as vivências do ser humano. Assim, rejeitar a afetividade nos condena a uma vida infrutífera, sem um real sentido de existência e conexão.

Que nota você daria hoje para a sua vida afetiva?

1	2	3	4	5	6	7	8	9	10

VIDA FINANCEIRA

O equilíbrio de suas finanças é crucial para o seu futuro profissional. Afinal, quem conseguirá concentrar-se em algum projeto com os credores ligando a todo instante?

Também não é nada produtivo gastar muita energia pensando todo mês em literalmente sortear o boleto premiado, aquele boleto que será pago, enquanto os demais ficarão para o próximo sorteio, conforme representado na figura 25.

Figura 25 – Sorteio de boletos

Para muitos profissionais, líderes e gestores, as finanças são um grande motivo de preocupação. Muitos afirmam que problemas com dinheiro causam irritações e distrações no ambiente de trabalho, podendo até mesmo resultar em erros críticos ou incidentes. Então, se sua vida financeira não está muito boa, antes de comprar algo se pergunte: eu quero ou eu preciso deste produto? Se você quer, poderá rever o desejo de comprar. Talvez neste momento, não seja viável comprar, por exemplo, a décima bolsa, o vigésimo sapato, trocar de carro, fazer mais uma dívida, programar outra viagem, ou adquirir um novo aparelho celular, que acabou de ser lançado.

Se julgar necessário, estude mais sobre este tema ou peça ajuda de um especialista. Recomendamos a leitura do livro: "Os segredos da mente milionária" de T. Harv Eker; "Pense e Enriqueça" de Napoleon Hill e o livro "Pai Rico, Pai Pobre" de Robert Kiyosaki.

Que nota você daria hoje para a sua vida financeira?

1	2	3	4	5	6	7	8	9	10

VIDA SOCIAL

Em tempos de mensagens instantâneas, jogos on-line e redes sociais, muitas vezes esquecemos o contato direto com parentes e amigos queridos. Assim, consideramos que não ter uma vida social pode ser tão prejudicial à saúde e à qualidade de vida, como uma doença. Por isso, procure reservar um tempo em sua agenda para estar com os amigos e pessoas queridas. Participe de atividades que você gosta, como por exemplo: ir ao cinema, ao museu, a show, ao teatro ou a praia, viajar, praticar atividades físicas, entre outras, conforme exemplos ilustrados na figura 26.

Que nota você daria hoje para a sua vida social?

1	2	3	4	5	6	7	8	9	10

Figura 26 – Atividades recreativas

VIDA ESPIRITUAL E/OU RELIGIOSA

Continuando com o processo de autoavaliação, a próxima área que requer atenção é vida espiritual e/ou religiosa. Lembrando que a questão aqui não é se uma religião é melhor que a outra, ou que uma é certa e a outra errada. Até mesmo porque há pessoas que não segue uma religião, mas se preocupa com questões sobre amor ao próximo, amor ao divino e espiritualidade. Logo, deixando críticas negativas, preconceitos e julgamentos de lado, acreditamos na importância de você possuir uma referência de força maior, que envolva indagações quanto ao significado da vida e à sua razão de existência, o que inclui também acreditar, agradecer e buscar direcionamento.

Que nota você daria hoje para a sua vida espiritual e/ou religiosa?

1	2	3	4	5	6	7	8	9	10

DESENVOLVIMENTO INTELECTUAL

Neste item, propõe-se que você invista tempo em cursos específicos de sua área de atuação, como: especializações, participação em palestras, seminários, workshops, hábito de leitura, pesquisas, interesse por outras áreas de conhecimento, ser um bom observador e compartilhar o aprendizado, a figura 27 ilustra alguma destas atividades. Consideramos que uma pessoa que não possui curiosidade acaba se conformando com aquilo que sabe. Desta forma, crie o hábito de questionar as informações que chegarem até você, por exemplo, ao olhar para uma máquina do setor de produção pergunte-se: quão importante é esta máquina para este processo? Quais qualificações são necessárias para trabalhar nesta máquina? Se você é da área de SST, reserve tempo para estudar o manual de operação e segurança das máquinas e equipamentos da empresa.

Toffler (1980) destacou que "os analfabetos do próximo século não são aqueles que não sabem ler ou escrever, mas aqueles que se recusam a aprender, reaprender e voltar a aprender". Reaprender pode de certa maneira ser desconfortável, porque passamos pelo sentimento de ser

Figura 27 – Atividades ligadas ao desenvolvimento intelectual

competente, em uma área de atuação, para incompetente. Contudo, vivemos em um mundo de transformações sem procedentes e as competências de hoje deverão ser aperfeiçoadas em um futuro não muito distante.

Que nota você daria hoje para o seu desenvolvimento intelectual?

1	2	3	4	5	6	7	8	9	10

REALIZAÇÃO PESSOAL

A realização pessoal está relacionada aos nossos objetivos e metas pessoais. Por isso, é importante definir objetivos pessoais e estabelecer meios para alcançá-los, por exemplo: conforme ilustração da figura 28, um funcionário que trabalhar como eletricista pode estabelecer como objetivo pessoal concluir uma graduação em engenharia elétrica. Neste caso, a cada semestre de estudos e dedicação ele se sente mais realizado. Vale ressaltar a necessidade de criar conexões entre o seu objetivo pessoal e profissional, conforme exemplo citado.

Outro exemplo prático seria um jovem atuando de forma exemplar como auxiliar de manutenção e estabelece como objetivo fazer um curso específico na área de mecânica. Depois ao ser promovido e conquistar mais experiência na área, o jovem decide concluir uma graduação em engenharia mecânica. Logo, atuando como engenheiro mecânico assume novas responsabilidades e conquista melhores resultados, assumindo futuramente o cargo de gerente de contratos da empresa. Com passar dos anos, este engenheiro estabelece como objetivo principal ter sua própria empresa na área de manutenção industrial.

Figura 28 – Eletricista realizando tarefas de manutenção

Então, que nota você daria hoje para questões sobre realização pessoal?

1	2	3	4	5	6	7	8	9	10

Após analisar e atribuir notas em áreas essenciais da sua vida, responda as seguintes perguntas: que área de sua vida você necessita dedicar mais tempo e energia?

____

____

____

____

O que verdadeiramente falta para você melhorar a sua nota nesta área? Quais ações específicas você deverá adotar imediatamente? Como em um plano de ação, não se esqueça de estabelecer um prazo para cada ação e uma forma de mensurar seu progresso.

____

____

____

____

Acreditamos que ao conseguir o equilíbrio nestas áreas, você ganhará mais velocidade na execução de seus projetos e consequentemente obterá melhores resultados na implantação do SAFETY MOMENT. Literalmente, você vai conseguir fazer e conquistar mais com menos.

6 – MOMENTOS DE SEGURANÇA OU SAFETY MOMENTS

"Que tudo, porém, se faça decentemente e com ordem."
1 Coríntios 14: 40

Provavelmente você já tenha ouvido falar dos MOMENTOS DE SEGURAN-ÇA ou mais conhecido como SAFETY MOMENTS, talvez a empresa em que trabalha faça uso desta ferramenta. Mas é sempre bom perguntar. O que realmente é o SAFETY MOMENTS? Qual é a essência desta ferramenta? E como implantar ou aperfeiçoar os MOMENTOS DE SEGURANÇA na empresa?

Em primeiro lugar, gostaríamos de ressaltar que não sabemos onde surgiu ou o Autor da ferramenta SAFETY MOMENTS, conhecido também como o minuto da segurança. O que pode se afirmar é que se trata de uma tradicional estratégia de consolidação de aspectos ligados à prevenção de acidentes, presente na cultura de segurança de empresas multinacionais de vários seguimentos. Podemos afirmar ainda que o SAFETY MOMENTS, quando devidamente aceito, bem utilizado e possuindo o apoio e compro-metimento da Alta Administração da empresa, torna-se uma ferramenta po-derosa para alavancar resultados em SST. Porque o SAFETY MOMENT é um discurso breve e impactante sobre segurança e saúde no trabalho com tempo total estimado de 2 minutos, não ultrapassando 6 minutos, a ser realizado no início de cada reunião, podendo cobrir uma variedade de tópicos, objetivan-do lembrar as pessoas sobre a importância de estarem seguras.

Falar sobre segurança e saúde no trabalho antes das reuniões, reforça a preocupação da empresa em prevenir acidentes e doenças ocupacionais e demonstra também o compromisso de líderes, gestores e da Alta Admi-nistração em relação ao sistema de gestão em SST. Logo, essa ferramenta aparentemente simples funciona como impulsionadora da prevenção de aci-dentes, visto que de forma consistente líderes e gestores mantém o foco em questões sobre a segurança e saúde no trabalho. Então, podemos concluir que a repetição de assuntos ligados a prevenção de acidentes, aos poucos, vai quebrando barreiras e dissolvendo qualquer tipo de resistência mental, pois a reiteração de assuntos ligados a segurança e saúde, no ambiente de trabalho, atua diretamente nas causas primárias (percepções, crenças e valores) dos participantes, reformulando o estado mental predominante dos indivíduos. Assim sendo, a repetição de princípios, ideias e conceitos de forma estratégica torna a mensagem sobre prevenção de acidentes mais atraente, poderosa e persuasiva. Com o tempo, mesmo que alguém que tenha aversão a segurança do trabalho ou execute suas atividades de forma dispersa, passa a mudar de opinião e concentra-se na execução de suas tarefas, uma vez que seu líder reiteradamente, através do SAFETY MOMENTS, falar sobre a importância em trabalhar de forma segura.

Neste sentido, antes de começar qualquer tipo reunião, deve-se realizar o MOMENTO DE SEGURANÇA. Se o gestor de produção, planejamento ou engenharia realiza duas reuniões ao dia com sua equipe, antes de tratar de assuntos específicos, deve-se realizar o SAFETY MOMENT em cada reunião. Se o gerente geral vai reunir-se com clientes, com representantes de órgãos governamentais ou com os gestores da empresa, antes de começar a reunião, deve-se realizar o MOMENTO DE SEGURANÇA. Se o diretor ou o presidente vai reunir-se com acionistas, antes da reunião, deve-se realizar o MOMENTO DE SEGURANÇA, a figura 29 ilustra um gestor realizando o MOMENTO DE SEGURANÇA antes de iniciar a reunião com a sua equipe.

Portanto, não importa o tipo, duração, quantidade ou número de participantes, antes de começar qualquer reunião, o SAFETY MOMENT deverá ser realizado.

Sabemos que quando líderes e gestores demonstram apoio e comprometimento com os MOMENTOS DE SEGURANÇA, todos sentem que agregam valor a cultura de segurança da empresa. Informações sobre as políticas, normas, procedimentos e boas práticas operacionais recebem destaque antes de qualquer outro tema. Desta forma, percebemos a promoção de uma visão integrada com base na segurança e saúde no trabalho. Por sua vez, isso naturalmente leva de forma proativa a uma maior conformidade com as políticas e procedimentos da empresa, com destaque para melhoria contínua e prevenção de acidentes.

É aconselhável que o responsável em conduzir a reunião realize o SAFETY MOMENT, mas ele também pode designar outra pessoa para esta finalidade.

Figura 29 – Gestor realizando o MOMENTO DE SEGURANÇA

6.1 – QUAL É A ESSÊNCIA DO SAFETY MOMENT?

"Tudo que se vê é miragem. Procura a essência que não se vê."
Khalil Gibran

A próxima pergunta a ser respondida é: qual a essência desta ferramenta? A inclusão do SAFETY MOMENT no início de cada reunião com certeza vai trazer à tona questões sobre prevenção de acidentes de maneira objetiva e não ameaçadora. Os MOMENTOS DE SEGURANÇA são projetados para reforçar o conhecimento sobre segurança e o compromisso de todos com a cultura de segurança da empresa. É importante salientar que o SAFETY MOMENT não possui o objetivo de substituir políticas, normas ou procedimentos de SST, mas reforçar e lembrar as pessoas da importância da segurança e saúde no trabalho. Além de ajudar a reconhecer e controlar perigos e riscos existentes, aumentando a conscientização e contribuindo para elevar o nível de maturidade da cultura de segurança da empresa. Portanto, os responsáveis em ministrar o SAFETY MOMENT deverão vivenciar esta oportunidade como parte da estratégia de prevenção de acidentes na organização. Então, a essência do MOMENTO DE SEGURANÇA é não permitir discursos vazios, sem nexo e superficiais. Deve-se aproveitar este tempo para tocar a mente e o coração das pessoas e convidá-las para efetivar ações consistentes, porque prevenir acidentes é responsabilidade de todos. No entanto, a eficácia desta ferramenta dependerá do compromisso da Alta Administração da empresa.

Alguns profissionais de SST, líderes e gestores podem encarar os MOMENTOS DE SEGURANÇA como se fosse o tradicional DDS (Diálogo, diário de segurança), o que pode ser o considerado como um erro primário, pois, apesar das similaridades entre as ferramentas, o SAFETY MOMENTS é mais objetivo e abrangente. Poderíamos até afirmar que o SAFETY MOMENTS é uma evolução do DDS. Sabemos que são poucas as empresas em que, por exemplo, os colaboradores de setores administrativos participam do convencional DDS. Muitos gestores também não chegam a tempo para participar do DDS ou quando participam conseguem de alguma forma mudar o rumo do discurso. Devemos lembrar também que tradicionalmente o DDS é feito apenas no início da jornada de trabalho, enquanto o SAFETY MOMENT é muito mais frequente, visto que enquanto em um dia normal geralmente ocorre um DDS, o qual deve ou deveria contemplar todos os funcionários, pode-se facilmente ocorrer 10 ou mais MOMENTOS DE SEGURANÇA.

Devemos reforçar que o SAFETY MOMENTS não é melhor que o DDS ou vice e versa, cada um possui características próprias e finalidades específicas, portanto devemos compreender que tais ferramentas se complementam, objetivando a prevenção de acidentes. Uma parte importante desse processo diz respeito a forma de apresentar e vender essa ferramenta na empresa, por isso vamos considerar algumas etapas para facilitar o nosso entendimento.

6.2 – ETAPAS DO SAFETY MOMENT

Todo projeto, seja grande ou pequeno, simples ou complexo, possui ciclos e pode ser dividido em fases. No caso específico do SAFETY MOMENT teremos o estágio inicial, depois vem à aprovação, implantação, monitoramento e consolidação, conforme figura 30. Sendo que, ao final de cada etapa, geralmente marca o início da fase seguinte até a consolidação do projeto. Logo, podemos concluir que cada fase possui um ciclo de vida útil e algumas características em comum.

Figura 30 – Etapas do SAFETY MOMENT

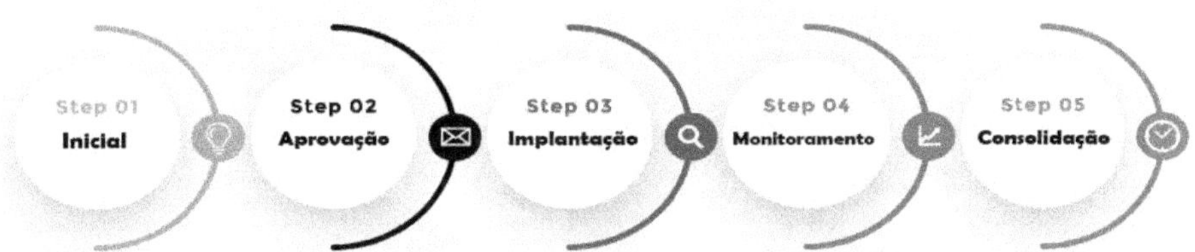

Na etapa de inicial, ocorrerá o estudo do projeto em si, suas características e particularidades. Incluem também o planejamento estratégico, com definições de objetivos e metas, e o levantamento de possíveis objeções, as quais poderão surgir durante a apresentação final. Neste ponto, torna-se significativo prever possíveis obstáculos e, por conseguinte, preparar argumentos persuasivos, pautados em fatos e dados objetivando obter aprovação da Alta Administração da empresa. A etapa de aprovação compreende o processo de venda em si. Assim sendo, no próximo tópico deste livro, abordaremos essa fase com mais detalhes e dicas valiosas. Já o estágio de implantação refere-se à execução em si e a concretização do plano definido anteriormente, compreende também possíveis ajustes e mudanças cabíveis. Recorde que o monitoramento e controle andam juntos, então nesta etapa, deve-se avaliar o desempenho de cada área na implantação do MOMENTO DE SEGURANÇA e caso seja detectado algum desvio, deve-se imediatamente aplicar ações corretivas, de acordo com o planejamento inicial e a definição de objetivos e metas. A consolidação ocorrerá naturalmente quando o uso do SAFETY MOMENT se tornar um hábito na empresa.

Falta respondermos a última pergunta feita na introdução deste capítulo. Como implantar ou aperfeiçoar o SAFETY MOMENTS na empresa? Bom, para melhor respondermos a esta indagação, devemos antes de tudo, relembramos ou desenvolvermos algumas habilidades de vendas. É provável que você esteja protestando: "Mas eu não sou um vendedor!" Outro erro primário, porque vender não é exclusividade dos vendedores.

7 - VENDENDO O SAFETY MOMENT NA EMPRESA

As pessoas não gostam que você venda para elas,
mas lembre-se que elas adoram comprar.
Jeffrey Gitomer

*T*odos os profissionais de SST, profissionais de outras áreas, líderes, encarregados, supervisores e gestores devem a todo o momento vender sua imagem profissional, seus projetos, seus planos e suas ideias. Logo, se você ainda não sabe vender, não conquistará excelentes resultados em sua área de atuação. Este não é um livro de vendas, todavia necessitamos revisar alguns pontos importantes, de forma prática e objetiva para que você consiga obter aprovação da Alta Administração da empresa, quanto à implantação do SAFETY MOMENTS.

Assim, a forma mais assertiva de começarmos a tratar de vendas é iniciarmos por você. Sim, você necessita criar o hábito de pensar em seu nome e sua personalidade como uma marca profissional. Neste contexto, tenha muito cuidado com sua reputação e não esqueça que suas ações devem ser coerentes com o seu discurso. Por exemplo, imagine alguém querendo vender a idéia de implantar o programa 5S, que é um programa de gestão de qualidade desenvolvido no Japão, que visa aperfeiçoar aspectos como organização, limpeza e padronização na empresa, mas tal pessoa vive com a mesa em que trabalha totalmente bagunçada. A idéia é boa, todavia falta coerência. Ou imagine um analista financeiro tentando conquistar uma promoção para cuidar das finanças de um departamento na empresa, contudo a vida financeira desta pessoa é desorganizada. Então, perceba que o comportamento que você manifesta no mundo pessoal, afetivo ou profissional deve ser coerente com suas palavras, porque você é o artista principal de um grande espetáculo que ocorre diariamente. No entanto, a plateia é grande e presta muita atenção aos detalhes, pois pequenos detalhes fazem uma grande diferença na hora de vender. Por isso, cuide bem de sua imagem profissional; vista-se adequadamente para cada ocasião, mantenha a postura ereta, cabeça erguida com um sorriso amigável; esteja também atento ao usar as redes sociais e antes de publicar algo pessoal se questione: esta publicação vai somar ou subtrai pontos em minha imagem profissional? Mesmo sendo uma publicação de cunho pessoal, tente conectar com algo profissional para potencializar os pontos de sua marca. Por exemplo, digamos que você esteja aproveitado um feriado na praia com os amigos e naturalmente surge o desejo de registrar algumas imagens deste encontro nas mídias sociais. Você sabe que é um dia de folga e percebe que as fotos ficaram ótimas, pois a turma está bem animada, contudo tente criar alguma conexão com sua carreira profissional. De que forma? Talvez destacando na publicação, que o amigo a direita lhe ajudou a conseguir uma recolocação profissional e que você é grato por isso; ou mencionado que ele está sempre disposto a esclarecer dúvidas sobre novos projetos no trabalho. Você poderá também publicar uma imagem na qual enquadre o sol, para escrever que se encontra recarregando as energias para os novos desafios profissionais; ou ainda escreva sobre a importância da vitamina D. Outra sugestão seria você registrar que momentos como esse fazem parte da vida social de qualquer pessoa, alivia o estresse do dia a dia, servem de distração e funcionam como uma mola propulsora em questões sobre saúde e qualidade de vida. Enfim, existem diversas formas de você somar pontos em sua imagem profissional em publicações de cunho pessoal. No entanto, sugerimos que você evite publicar situações embaraçosas, como brigas, confusões ou algo relacionado ao excesso de bebidas alcoólicas, principalmente, se você estiver conduzindo um automóvel, uma motocicleta ou outro veículo de locomoção.

Após adotar os cuidados necessários quanto à associação do seu nome com uma marca profissional, você provavelmente está se perguntando: para quem devo vender o projeto MOMENTOS DE SEGURANÇA? Respeitando a hierarquia da empresa, você deverá vender este projeto para o seu gestor imediato e este deverá vender para a Alta Administração da empresa, contudo se você se reporta diretamente para a Alta Administração da empresa o processo de venda naturalmente ficará mais fácil.

Necessitamos ressaltar que o SAFETY MOMENT deve começar de cima para baixo e de dentro para fora. De cima para baixo, no sentido de começar com o apoio e comprometimento da Alta Administração. De dentro para fora, no sentido que a mudança tem que começar internamente por você. Você deve acreditar fielmente nos benefícios do SAFETY MOMENT; deve ser o primeiro a comprar a ideia, reformular suas crenças e valores para vendê-la ao seu gestor. Desta maneira, podemos resumir o processo interno da seguinte forma. Primeiro você obtém as informações necessárias lendo e estudando este livro, depois acredita fielmente no SAFETY MOMENT, trabalha questões sobre autoliderança, automotivação, visualiza cenários futuros positivos, planeja, elabora uma boa estratégia e parte para ação da venda deste projeto. Perceba que você é o início deste processo, não estamos dizendo que será fácil, pelo contrário, quanto mais baixo for nível de maturidade da cultura de segurança da empresa, maiores serão os desafios e as dificuldades, entretanto você deve ser o primeiro a comprar essa ideia. Deverá também manifestar ações congruentes com suas crenças e valores sobre segurança e saúde no trabalho, adotando uma nova identidade focada na prevenção de acidentes, porque acreditamos que a sua missão é criar possibilidades, para que os funcionários voltem para casa melhores ou no mínimo da mesma forma como entraram na empresa. Nesta missão sobre prevenir acidentes de trabalho, não é permitido que um funcionário perca um braço, uma perna, fique cego ou perca a vida. Pois, de que adianta atingir às metas de produção com manchas de sangue proveniente de um acidente? De que adianta fabricar um milhão de peças, quando um funcionário perde a vida? Vale à pena tentar avançar em um projeto colocando em risco a vida de operários na indústria da construção? Temos a certeza que você conhece muito bem essas respostas.

Para reforça possíveis objeções durante o processo de venda do projeto MOMENTOS DE SEGURANÇA, recomendamos que você consulte as estatísticas de acidente de trabalho no Brasil e no mundo, guarde em sua memória dados relevantes sobre esta pesquisa. No entanto, não permita que o desânimo tome conta de você ao realizar esta análise e por mais que alguém diga que o zero acidente não existe e que o zero acidente é impossível, saiba que nós gostamos do que é impossível e por isso apoiamos os seus esforços.

7.1 - VENDA SONHOS, DEPOIS OS TRANSFORME EM OBJETIVOS E METAS

No processo de vendas, primeiramente evite tentar destacar em demasia as particularidades ou atributos de produtos e serviços, mas mantenha o foco na venda de vantagens e sonhos. É impressionante o número de profissionais de SST, líderes, supervisores e gestores que insistem em vender as particularidades de um produto ou serviço. Acreditamos que tal fato ocorra porque é tentador falar do que conhecemos, gostamos de dar detalhes sobre as especificações técnicas e adoramos destacar determinados aspectos de equipamentos, ferramentas, procedimentos, normas ou serviços. Tudo isso parece que infla nosso ego, já que somos especialistas em nossa área de atuação, estudamos bastante, estamos sempre buscando atualizações e queremos falar de assuntos técnicos que dominamos plenamente. Entretanto, sentimos muito em dizer que isso dificilmente vai atrair atenção de seu gestor imediato, muito menos da Alta Administração da empresa. Esta não é uma notícia agradável de transmitir para você leitor, porém esta é a realidade. Porque vivemos em um mundo de transformações sem procedentes, tudo muda a todo instante e neste cenário obter atenção das pessoas tornou-se um ativo importante. Perceba que sem a atenção necessária, será impossível vender qualquer tipo de projeto, pois, assim como você, seu gestor tem uma demanda muito grande de trabalho e a Alta Administração da empresa também. O que queremos dizer é que você terá muito pouco tempo para vender o projeto MOMENTOS DE SEGURANÇA e começar pelas particularidades, atributos ou características não será a melhor opção.

De modo que, a sua melhor alternativa é continuar lendo e estudando este livro, pois, assim como em um jogo de vídeo game em que o herói ao passar de fases tornar-se maior, mais forte e adquire novas armas, você ao avançar na leitura e estudo desta obra irá naturalmente expandir o seu conhecimento e ao colocá-lo em prática conquistará novas habilidades ou aperfeiçoará competências já adquiridas para seguir em frente. Lembre-se que estamos avançando no labirinto com um mapa preciso para alcançarmos o ponto B de nossa jornada.

Logo, a melhor estratégia para vender o projeto MOMENTOS DE SE-GURANÇA é transformar seu discurso persuasivo em vantagens e sonhos. As vantagens ou benefícios podem variar de setor para setor, mas sua essência será a mesma, por exemplo: imagine que o líder do setor de montagem da empresa X é comprometido com a prevenção de acidentes, em contrapartida o supervisor da área Y nem tanto. Quando o gestor de produção criar o hábi-to de iniciar a reunião de produção com um MOMENTO DE SEGURANÇA, este deixará claro para todos que a segurança e saúde no trabalho são valores pri-mordiais e com o passar do tempo a tendência natural será literalmente dis-solver qualquer tipo de resistência. Neste exemplo, podemos perceber que as vantagens seriam o contínuo destaque da segurança do trabalho, como valor primordial na empresa, a integração desta mensagem entre todos os líderes e supervisores da produção e a sinergia entre os membros da equipe, no que diz respeito à prevenção de acidentes.

Entendemos que vender vantagens é muito bom e representa um avanço em relação a vender apenas particularidades, atributos ou caracterís-ticas, entretanto se você conseguir se conectar com os sonhos das pessoas, com certeza obterá melhores resultados. Todavia, antes de qualquer ação, é fundamental colocar-se no lugar do seu interlocutor e começar a ver a em-presa do ponto de vista dele em relação aos problemas, desafios e expecta-tivas. Comece então com o que seu gestor quer e não com o que você dese-ja, por exemplo: imagine um projeto capaz de integrar a mente e o coração das pessoas de todos os setores, tendo como um dos resultados principais a melhoria de indicadores de desempenho em um curto espaço de tempo e com mínimo esforço possível. Será que esta introdução chamaria atenção de seu gestor? Claro que sim! Perceba, no entanto que não tocamos no assunto principal, não falamos em prevenção de acidentes, nem da cultura de segu-rança, ou seja, não falamos das particularidades, dos atributos ou das carac-terísticas do projeto em si. Estamos apenas despertando o interesse genuíno no ouvinte, fazendo com que ele comece a pensar no assunto. Daí você pode acrescentar: "estou falando de um projeto, cuja sua eficácia foi comprovada pelas maiores empresas do mundo, as quais continuam aplicando as estratégias que eu quero lhe apresentar de forma rápida e objetiva". Percebeu, não estamos mais falando das particularidades do projeto, agora estamos falando de vantagens e sonhos. A figura 31 ilustra o início da venda do projeto MOMENTOS DE SEGURANÇA com foco em vantagens e sonhos.

Se em qualquer projeto profissional você parar de tentar na abordagem inicial vender particularidades, atributos ou características e começar a vender vantagens e sonhos, automaticamente conseguirá um aumento significativo na aprovação de suas propostas. Todavia, não queremos dizer que as particularidades, atributos ou características não sejam importantes. Sim, as particularidades, atributos ou características de qualquer projeto são relevantes, mas entendemos que elas fazem parte de uma etapa posterior no processo de vendas.

7.2 – ADICIONE MAIS INGREDIENTES AO PROCESSO DE VENDAS

Com o propósito de intensificar a forma como vendemos vantagens e sonhos, devemos acrescentar mais ingredientes à venda. Como faremos isso? Conseguindo se conectar plenamente com a mente do seu ouvinte, através do medo ou pavor e da esperança. Assim, no processo de venda do projeto MOMENTOS DE SEGURANÇA, vamos de forma coerente adicionar o medo e a esperança ao discurso, para que o ouvinte reflita sobre cenários futuros e entenda sua preocupação em ajudá-lo.

Para continuarmos a refletir sobre a adição do medo e da esperança no processo de venda do projeto MOMENTOS DE SEGURANÇA, com base no cenário atual da empresa em que você trabalha, responda as perguntas abaixo:

Medos: Quais são os medos que este projeto pode minimizar ou eliminará? Que tipo de problemas este projeto resolverá para seu gestor?

____

____

Esperança: Sobre questões relacionadas à segurança e saúde no trabalho, o que verdadeiramente seu gestor deseja atualmente? Que possibilidade o projeto MOMENTOS DE SEGURANÇA ajudará seu gestor a realizar? Como este projeto vai facilitar a vida dele?

____

____

Refletir e responder as questões acima possui grande relevância para evitarmos criar expectativas sobre qualquer projeto e passarmos a identificar as oportunidades profissionais.

7.3 – EVITE CRIAR EXPECTATIVAS TRABALHANDO COM POSSIBILIDADES

> *"A expectativa é a raiz de toda mágoa."*
> **William Shakespeare**

Evite a todo custo criar expectativas na vida pessoal ou profissional, visto que a palavra expectativa está relacionada com esperar algo de alguém ou aguardar algum acontecimento milagroso. Trata-se de uma atitude passiva que só produz ansiedade e aborrecimento. Ao posso que, quando sua atenção é direcionada para criar possibilidades, você consegue planejar e criar estratégias visando conquistar seus objetivos, isto é, você assume o controle e a responsabilidade por suas ações, monitora os resultados e faz ajustes em sua estratégia sempre que julgar necessário. Então, digamos que você queira receber uma promoção na empresa, portanto evite criar expectativas, mas gere possibilidades. De que forma? Respondendo, por exemplo, aos seguintes questionamentos: será que aquela vaga realmente existe? Se a vaga existe, será que eu tenho todas as qualificações e competências necessárias para ocupar aquele cargo? Ou será que é necessário concluir um curso técnico, uma graduação específica, uma especialização ou um mestrado? Perceba que ao refletir sobre tais perguntas, você automaticamente deixa de criar expectativas e passará a encarar a realidade, no sentido de planejar e posteriormente executar ações necessárias, objetivando aumentar as chances de êxito.

Com a venda do projeto MOMENTOS DE SEGURANÇA não é diferente, em outras palavras, você precisa evitar criar expectativas e passar a gerar oportunidades. Um diálogo no elevador, no corredor ou a caminho do estacionamento são exemplos de oportunidades, que devem ser utilizadas para vender uma ideia para a Alta Administração da empresa. Após refletir sobre tais perguntas, procure antecipar as possíveis objeções, entretanto para efetivar a venda você não precisa agendar uma reunião para despertar o interesse do seu gestor, quanto ao projeto MOMENTOS DE SEGURANÇA, apenas necessita criar oportunidades. Vamos ver um exemplo situacional:

Digamos que você encontre seu gestor no refeitório ou na copa da empresa, crie a oportunidade de estar próximo e após as saudações habituais, inicie o diálogo mais ou menos assim:

1. "Aquele foi um acidente horrível. Além do sofrimento causado, arranhou a imagem daquela organização e com certeza os responsáveis irão pagar muito caro por isso."

2. Seu gestor então pega uma xícara de café e diz: "Sim, foi um acidente horrível".

3. Você continua: "todos nós precisamos reforçar constantemente a prevenção de acidentes na empresa."

4. "Que bom seria de todos pensassem assim", responde o gestor olhando para você.

5. Você então prossegue: "imagine um projeto capaz de integrar a mente e o coração das pessoas de todos os setores, tendo como um dos resultados a melhoria de indicadores em um curto espaço de tempo e com mínimo esforço possível".

6. Pela postura do corpo e expressão facial, seu gestor demonstra total interesse em suas palavras, você então continua dizendo:

7. "Estou falando de um projeto cuja sua eficácia foi comprovada pelas maiores empresas do mundo, as quais continuam aplicando as estratégias que eu quero lhe apresentar de forma rápida e objetiva".

8. "O trabalho de implantação será todo meu, você só precisa entendê-lo, aprová-lo e receber os méritos pelos resultados conquistados".

9. "O projeto funcionará da seguinte maneira..."

Agora vamos explicar o que ocorreu neste dialogo rápido, prático e oportuno.

1. Você iniciou a conversa fazendo com que seu gestor concordasse com um problema, em seguida trabalhou questões sobre o medo, no contexto empresa e carreira profissional.

2. Depois, apresentou as vantagens de lidar com a situação.

3. Deu sequência ao processo de vendas com foco em sonhos.

4. Trabalhou questões referentes à esperança, prova social e conectou a necessidade de explicar o projeto.

5. Antecipou objeções e deixou claro que você vai assumir o trabalho de implantação e reforçou a conquista de benefícios.

6. Então, você criou oportunidade, despertou interesse, foi persuasivo e praticamente vendeu o projeto.

7.4 – CONCLUA A VENDA DO PROJETO SAFETY MOMENT

Acreditamos que a conclusão está para a venda, assim como o gol está para o futebol, já que o gol é o momento mais esperado da partida e um dos mais importantes do jogo. Por isso, o último detalhe é sobre o parecer final ou fechamento da venda do projeto MOMENTOS DE SEGURANÇA. Para tanto, fique atento ao diálogo, gestos e expressões corporais e quando perceber que o seu gestor concorda e está gostando da ideia, pare de explicar e conclua o processo de venda, a qual poderá ser de forma espontânea ou automática. Diga, por exemplo: "você prefere começarmos com esse projeto na próxima segunda-feira?" Aguarde a resposta e esteja pronto para sugerir outra data. Ou você pode concluir a venda mediante a execução de uma tarefa. Você poderá dizer: "enviarei um e-mail assim que chegar à sala, basta apenas responder concordando". Por último, a conclusão da venda poderá ocorrer de maneira formal, de acordo com o descrito na figura 32. Você encerra o diálogo falado: "então, concordamos que devemos iniciar o mais breve possível". Aguarde uma resposta positiva, aperte a mão do seu gestor e siga adiante.

Figura 32 – Conclusão da venda do projeto MOMENTOS DE SEGURANÇA

Salientamos que você poderá utilizar este método de vendas para qualquer projeto em sua carreira profissional e, cada vez que utilizá-lo, verá o aperfeiçoamento e evolução de diversas habilidades. Entretanto, talvez a sua maior dificuldade seja vencer o medo de receber um não de seu gestor imediato ou da Alta Administração da empresa, contudo lembre-se que além de possui um passo a passo do processo de vendas, você detém uma preocupação genuína em criar valor para empresa, no que diz respeito à prevenção de acidentes de trabalho, além de já ter mapeado as necessidades e possíveis objeções. Mas se mesmo assim ainda não se sentir seguro, recomendamos que você primeiro pratique de forma efetiva com um líder operacional, objetivando adquirir mais confiança no processo de vendas. Você poderá iniciar o processo na forma de um teste com um líder operacional. De que forma? Seguindo o roteiro já apresentado, sem que o mesmo saiba que se trata de uma experiência e evitando perder o foco no seu cliente principal. Você poderá até perceber a necessidade de fazer pequenos ajustes em seu discurso, conforme o cenário da empresa e seu perfil profissional. Em seguida, crie a oportunidade de venda do projeto MOMENTOS DE SEGURANÇA com seu cliente principal, entretanto é aconselhável pensar em alternativas, logo tenha sempre um plano B.

7.5 – TENHA SEMPRE UM PLANO B

"O plano que não pode ser mudado não presta."
Públio Siro

O ambiente profissional é cheio de imprevistos e novidades, desta forma não custa nada ter um plano alternativo, caso nem tudo saia conforme o planejado, mesmo que o método descrito para vender o projeto MOMENTOS DE SEGURANÇA seja consistente e já tenha sido testado e aprovado, em concordância com o que veremos no capítulo final, referente ao estudo de caso, é sempre bom ter um plano B.

Então, o seu plano A leva em conta implantar o SAFETY MOMENT em todas as áreas e setores da empresa, contudo se o nível de maturidade da cultura de segurança da organização for baixo, com certeza você encontrará diversas resistências pelo caminho. Desta forma, caso perceba dificuldades, além do esperado, o seu plano B deverá ser implantar o SAFETY MOMENT gradualmente, como um projeto piloto. Neste caso, você poderá redirecionar seus argumentos para iniciar, por exemplo, pelo departamento de produção, mas se a área de produção for muito grande, compreendendo vários turnos e sensível a mudanças, talvez seja melhor sugerir iniciar o projeto piloto por um setor específico, como o setor de manutenção. Logo, seja específico quanto ao prazo do projeto e a área ou setor que iniciará os estudos. Defina também formas para mapear o progresso, indique quais resultados podem ser alcançados e as pessoas que estarão envolvidas na execução ou dando suporte.

3

OBJETIVOS DE APRENDIZAGEM

Após a leitura da terceira parte deste livro, você será capaz de responder aos seguintes questionamentos:

1. Por que é importante que os temas para os MOMENTOS DE SEGURANÇA estejam relacionados com a sua realidade no trabalho?

2. Como você poderá criar oportunidades, para que os temas dos MOMENTOS DE SEGURANÇA estejam relacionados com a sua realidade de trabalho?

3. Como realizar o SAFETY MOMENT em reuniões de última hora?

8 – SAFETY MOMENT EM AÇÃO

"A Segurança é um valor inegociável em nossas operações. Portanto, líderes e liderados devem diariamente zelar pela prevenção de acidentes em todos os aspectos".
Bruno Reis – CEO da Ramos Reis Engenharia

Chegamos à terceira parte do livro e, nesta etapa, o ideal é que os temas para realização do MOMENTO DE SEGURANÇA estejam relacionados com a sua realidade no trabalho, uma vez que existem demandas e particularidades que são intrínsecas a empresa na qual você trabalha. Pois, mesmo as empresas de mesmo seguimento possuem características totalmente diferentes em relação à segurança e saúde no trabalho. Então, você poderá, por exemplo, pegar o manual de operação e segurança da máquina X e dividi-lo em diversos temas para concretizar o SAFETY MOMENT. Depois, faça o mesmo com o equipamento Y, com a máquina Z e assim sucessivamente. Para áreas administrativas e de produção, você também poderá identificar diversos temas específicos ao observar com cuidado aspectos importantes, destes locais de trabalho e a rotina das pessoas neste espaço. No entanto, se você trabalha no seguimento da construção civil, cada etapa do projeto poderá conter dezenas de temas aplicáveis ao MOMENTO DE SEGURANÇA, como: licenças e documentações, planejamento de segurança, responsabilidade com a proteção do meio ambiente, análise de riscos, organização do trabalho, riscos na remoção de vegetação rasteira, métodos seguro de demolição, proteção das mãos, trabalho em equipe, uso correto dos EPI´s, uso correto de escadas e rampas, riscos na sondagem, perigos na carpintaria, dicas de segurança para uso de ferramentas portáteis, medidas de proteção na operação da serra circular, cuidados na construção de depósitos, inspeções em andaimes, inspeções em máquinas e equipamentos, instalações provisórias de água e energia elétrica, normas de segurança para caminhão basculante, cuidados com a retroescavadeira, conservação de vestiários, isolamento e sinalização, segurança na movimentação de materiais, higiene pessoal, riscos em escavações, entre outros. Por isso nas próximas páginas, vamos sugerir alguns temas para ajudá-lo nesta fase de implantação deste projeto. Mas, antes de apresentarmos alguns temas vamos considerar alguns pontos relacionados a reuniões de última hora.

8.1 – O PODER DE UMA FRASE

Caso exista a necessidade de realizar uma reunião de última hora como você deverá proceder? Em uma reunião de última hora, em que você não preparou ou não possui um tema específico para o MOMENTO DE SEGURANÇA, você poderá comentar uma frase sobre segurança e saúde no trabalho e prosseguir com as pautas do encontro. Digamos que você ocupe o cargo de gerente operacional na empresa X, e no decorrer do dia detectou a necessidade de realizar uma reunião de alinhamento com os líderes de cada setor. Trata-se de uma reunião de última hora e os participantes foram convocados a comparecer no local determinado o mais breve possível. Logo, a liderança começa a chegar e rapidamente todos se encontram na sala. Você sabe que é preciso iniciar a reunião com um MOMENTO DE SEGURANÇA, pois este foi o compromisso firmado com a Alta Administração da empresa, todavia você percebe que não possui um tema típico em mãos. O que fazer? Em situações como essa, sugerimos que você explique o seu ponto de vista a cerca de uma frase ou faça a analogia de algo com a segurança e saúde no local de trabalho.

Assim, você poderá pegar o seu aparelho celular acessar uma ferramenta de busca e digitar algo como: "frases sobre prevenção de acidentes de trabalho". Imediatamente, você terá acesso a várias opções, sendo que algumas destas acompanham comentários ou explicações de pontos fundamentais. Desta forma, imaginemos que a frase escolhida foi: "Saiba que em um acidente a pressa passa, mas o arrependimento fica". Como abordar essa frase? Neste caso, você poderá iniciar a reunião com as saudações habituais, depois rapidamente explique os objetivos do encontro e leia a frase destacando que se trata do MOMENTO DE SEGURANÇA. Em seguida, perceba que existem três palavras-chave que quando combinadas merecem atenção redobrada, são elas: pressa, arrependimento e acidente. No texto abaixo, vamos simular uma dentre muitas possibilidades desta apresentação. Assim sendo, comece mais ou menos desta forma.

"Olá, boa tarde a todos! É gratificante estar com vocês nesta reunião de alinhamento, objetivando consideramos uma possibilidade de melhoria na execução do projeto Z. Saliento que este aperfeiçoamento, depois de implementado, trará resultados significativos em produtividade, qualidade e prevenção de acidentes, os quais veremos com detalhes no decorrer desta reunião.

Conduto, antes de detalhamos os tópicos deste encontro se faz necessário considerarmos o MOMENTO DE SEGURANÇA. Para tanto, eu vou ler e depois comentar a seguinte frase: "Saiba que em um acidente a pressa passa, mas o arrependimento fica". Então, qual seria o destaque ou a importância de refletirmos sobre essa frase?

Primeiro, é significativo entendermos a relação contida em três palavras. Começamos com a palavra pressa, isso porque sabemos que a pressa é a inimiga da prevenção. Compreendemos também que a pressa não é sinônima de agilidade, pois uma equipe ágil trabalha com base na organização, foco, disciplina e planejamento. Ao passo que uma equipe apressada simplesmente executa tarefas de qualquer maneira e o resultado, na maioria das vezes, possui sintonia direta com a segunda palavra em destaque que é o acidente. Percebam que ao combinarmos as palavras pressa e acidente, surgem diversas indagações.

Quantos acidentes de trânsito poderiam ter sido evitados se a pressa não existisse nesse contexto? Quantos trabalhadores foram mutilados ou estão em uma cadeira de rodas devido à pressa para concluir uma tarefa? Quantos pais não estão mais com seus filhos, porque de forma apressada tentaram finalizar um serviço? Tais questionamentos, nos levam a terceira e última palavra em destaque que é o arrependimento. O arrependimento de não mais conseguir pegar o filho nos braços devido a perda destes membros. A lamentação de nunca mais ganhar uma corrida ou uma partida de futebol pelo fato de perder as pernas em um acidente.

Logo, finalizamos esse MOMENTO DE SEGURANÇA reforçando a necessidade de evitarmos a pressa e focarmos no planejamento operacional e estratégico das nossas atividades.

Neste exemplo prático, ficou claro que é muito fácil praticar o MO-MENTO DE SEGURANÇA, pois com apenas três palavras de uma frase conseguimos impactar os participantes da reunião. Agora, imagine o que você não conseguirá fazer com temas específicos? Com certeza alcançará melhores resultados de forma geral. Portanto, encorajamos você a selecionar umas trinta frases sobre assuntos ligados a segurança e saúde no trabalho e deixá-las acessíveis em seu celular, na agenda ou no computador. Todavia, o ideal é que você faça uso de uma faculdade mental elevada chamada de imaginação e crie suas próprias frases. Não obstante, caso não queira comentar uma frase no MOMENTO DE SEGURANÇA, você poderá fazer uso de analogias ou metáforas para transmitir uma mensagem mais sucinta.

8.2 – O PODER DAS ANALOGIAS E METÁFORAS

"Nossos corpos são nossos jardins... nossas vontades são jardineiros."
William Shakespeare

Lembre-se que uma analogia por definição é a relação de semelhança entre coisas ou fatos distintos, com o intuito de estabelecer proporções entre conceitos diferentes, visando gerar uma interpretação capaz de unir dois argumentos de forma coesa e objetiva. Recorde também que uma metáfora é uma figura de linguagem, a qual se atribui o nome de algo ou uma coisa pela outra. Por exemplo, considere o uso de uma metáfora na seguinte frase; "O desentendimento entre eles é apenas a ponta do iceberg". Então, sabemos que a parte visível de um iceberg é bastante pequena quando comparada com a parte que está submersa que é bem maior, deixando subentendido que existe muito mais do que aquilo que se vê. A frase faz referência a um problema e deixa claro que este pode ser maior e mais complexo do que se pode imaginar. Agora, é importante recordarmos essas definições, pois falta exemplificarmos questões sobre usarmos analogias em assuntos, que envolvam a prevenção de acidentes no MOMENTO DE SEGURANÇA, visto que sugerimos também essa possibilidade no que se refere a reuniões não programadas. Desse modo, vejamos nas frases abaixo exemplos básicos de analogias.

"Tal qual uma máquina, trabalhou bastante." Perceba que nesta analogia existe um conector que indique o paralelo que se faz entre os dois elementos. Consideremos outro exemplo cujo contexto esteja ligado aos aspectos sobre segurança e saúde no trabalho.

"Para alguns líderes, a prevenção é similar a uma bola: querem tê-la a todo o momento e, quando a possuem, dão-lhe um chute para bem longe". Identificamos aqui dois conceitos que, de início, parecem não ter nada em comum, mas em seguida ocorre a conexão entre eles, verificando-se uma analogia. Analisemos agora outro exemplo com mais detalhes de uma analogia na forma de um texto, que você facilmente você poderá usar em um momento oportuno.

Depois que você concluir as saudações iniciais e explicar os objetivos da reunião, comece o seu MOMENTO DE SEGURANÇA na forma de uma analogia ou de uma metáfora mais ou menos assim: no ambiente de trabalho, existe um inimigo oculto que não dorme, não descansa, não vacila e consegue trabalhar 24 horas por dia, todos os dias da semana. Ele gosta de fazer planos, sabe elaborar estratégias e conhece a fraqueza de todos os funcionários na empresa, já que seu alimento preferido é o sofrimento, pois este inimigo possui um desejo ardente de ceifar vidas e destruir famílias, causando dor e sofrimento para todos a sua volta. Sim! Estamos falando do acidente de trabalho! Sabemos que ninguém em sã consciência deseja sofrer um acidente, entretanto pessoas continuam sofrendo lesões e perdendo a vida. As estatísticas sobre acidentes de trabalho no âmbito nacional e no mundo são terríveis. E tais números, fatos e dados demonstram que devemos sair da zona de conforto e partir para ação contra esse inimigo.

Entretanto, não é algo tão simples de fazer, uma vez que o acidente de trabalho como um inimigo oculto é um mestre em se esconder, é um especialista na arte da camuflagem e só aparece para trazer dor e sofrimento. Este opositor adora brigas e divisões entre os setores, promove a complacência no local de trabalho e o medo de realizar investimentos em prevenção. Contudo, existem alguns sintomas clássicos de que este inimigo está por perto, já que há alguns indícios: perda do foco e distrações durante a realização de tarefas, inobservância de normas, de regras e de procedimentos de segurança e de saúde no trabalho, promoção de intrigas, fofocas, desrespeito aos colegas de trabalho, preguiça e desmotivação. Logo, podemos concluir que é preciso diariamente unir forças e trabalharmos em equipe para enfrentarmos este inimigo, que temos em comum no ambiente de trabalho, pois somente desta forma iremos prevenir a ocorrência de acidentes de trabalho.

Verificamos com este exemplo como é fácil realizarmos o MOMENTO DE SEGURANÇA utilizando analogias ou metáforas, entretanto sugerimos ao leitor para não se preocupar tanto com figuras de linguagem ou com questionamentos do tipo: será que tal frase ou texto é uma analogia ou uma metáfora? Pois, o SAFETY MOMENT é uma ferramenta de natureza informal, contendo termos e palavras que empregamos no dia a dia, o que não significa dizer que as regras gramaticais não sejam importantes ou que você não precisa levar em consideração o seu público alvo.

Agora, é importante ressaltar que os tópicos devem ter descrições curtas e objetivas, não se deve focar na parte muito técnica, pois o tempo para realização do MOMENTO DE SEGURANÇA é bem reduzido. Não se esqueça de evitar assuntos fora do tema e debates em público. Todavia, caso exista a necessidade de comentar algum ponto, escreva a sua preocupação, no final de cada tema contido em seu livro, e trate deste assunto em outro momento, com o gestor responsável ou procure ajuda do profissional de SST.

8.3 – TEMAS PARA O SAFETY MOMENT

"Não havendo profecia, o povo perece."
Provérbios, 29: 18

Seguindo a ordem lógica e estrutural de qualquer discurso (introdução, desenvolvimento e conclusão), apresentaremos, nas próximas páginas, várias opções de tópicos para ajudá-lo na fase inicial de implantação do projeto MOMENTOS DE SEGURANÇA. Conforme descrição da figura 33, muitos destes temas foram elaborados por especialistas, que valorizam a prevenção de acidentes e são exemplos em sua área de atuação.

Figura 33 – Elaboração de temas para o SAFETY MOMENT

ACEITE A MUDANÇA NO LOCAL DE TRABALHO

Compreendemos que tudo muda o tempo todo, visto que a mudança é uma constante em todas as particularidades da vida. Contudo, é comum nos perguntarmos: "Por que devemos aceitar a mudança no local de trabalho?". Esta é uma das perguntas que serão respondidas no MOMENTO DE SEGURANÇA de hoje.

Com certeza você já observou muitas mudanças ao longo dos anos em todos os seguimentos industriais. Como exemplos de que a humanidade está se movendo em velocidade incrível, podemos mencionar a tecnologia, processos de automação e acessibilidade das informações pela Internet. Entretanto, o processo de modificação relacionado a cultura de segurança de uma empresa inicia-se na mudança de mentalidade da liderança e por conseguinte dos funcionários no geral. Mudanças que ocorrem por meio do compromisso e da aprendizagem organizacional, partindo sempre da Alta Administração da empresa para os níveis abaixo, englobando a visão, a missão e valores organizacionais.

Figura 34 – Aspectos da evolução.

Todavia, entenda que o seu sucesso e felicidade, em relação às mudanças no local de trabalho, dependerão diretamente de como você interpreta-as. Sempre existem pessoas que falam sobre o "jeito antigo de fazer as coisas" ou como as coisas eram feitas "antigamente", embora a experiência seja insubstituível e sempre tenha valor, ela só será proveitosa se você continuar se adaptando às novas tecnologias e às novas maneiras de fazer as coisas de forma segura. Funcionários, líderes e gestores que estão presos ao passado e insistem em fazer as coisas da "maneira antiga", sendo resistentes a mudanças, serão deixados para trás. No entanto, se estas mesmas pessoas usarem suas experiências e lições de vida, aplicando-as às novas mudanças no local de trabalho, eles continuarão sendo funcionários valiosos para a empresa.

Logo, as empresas deverão adotar a mudança para continuar suas operações e os funcionários devem não apenas aceitar a mudança, mas pensar em como podem agregar valor as alterações individuais e em equipe. Neste sentido, a eliminação dos acidentes é um dever moral que depende do nosso desempenho diário em reconhecer, aceitar e contribuir com a mudança positiva em todos os sentidos, pois só assim estaremos evitando o sofrimento ocasionado pelo acidente de trabalho, uma vez que somente com a mudança de mentalidade e adoção de bons hábitos em segurança, será possível perceber os riscos e proteger vidas.

Ubiraci da Silva Santos - *Coordenador de Operações.*

____

____

____

____

____

____

____

____

APRENDA COM OS ACIDENTES DO PASSADO

Devemos aprender uma lição com tudo que ocorre em nossas vidas, inclusive com os incidentes ou acidentes no local de trabalho. Logo, o MOMENTO DE SEGURANÇA de hoje vai tratar deste processo de aprendizagem.

Na prática, aprender com os acidentes do passado não é algo tão fácil, na medida em que o processo de aprendizagem envolve várias pessoas, eventos traumáticos e não ocorre da noite para o dia. Todavia, sabemos também que muitas empresas gastam muito tempo, dinheiro e esforço para coletar informações sobre os vários tipos de incidentes, a fim de encontrar a causa raiz do acidente e tentar impedir que um evento semelhante ocorra novamente.

Desde as informações iniciais, os chamados "Alertas de Segurança", até o final das investigações de um acidente de trabalho, é necessário dar atenção às lições aprendidas e o que pode ser aplicado ao trabalho. Por exemplo, digamos que uma funcionária do escritório tenha caído de uma escada fixa, não houve lesão grave, mas com certeza existem lições a serem aprendidas. Isso porque a funcionária usava um sapato de salto alto e não utilizou o corrimão da escada. Por este ângulo, como aprendizado deste incidente, a empresa poderá estabelecer a proibição ou um limite para altura do salto alto de sapatos, usados no local de trabalho, ou ainda poderá intensificar uma campanha para uso obrigatório do corrimão de todas as escadas.

Figura 35 – Exemplo de acidentes ocorridos no passado

Assim, os funcionários devem seguir as recomendações das lições aprendidas com acidentes ocorridos no passado e, quando perceberem que algo pode dar errado em alguma tarefa, deverão imediatamente transmitir suas preocupações para seu líder ou para o profissional de SST da empresa.

Concluímos neste MOMENTO DE SEGURANÇA que é de suma importância trabalharmos com a antecipação de possíveis acidentes, contudo não devemos abrir mão de aprendermos lições valiosas com os acidentes já ocorridos. Desta forma, estaremos contribuindo com a prevenção de incidentes, acidentes e desvios.

Matheus Melo Lima dos Santos - *Técnico em segurança do trabalho na Ramos Reis Engenharia Ltda. Destaque em Auditorias Comportamentais em Mineradoras de grande porte.*

ATENÇÃO AOS JOVENS E AOS RECÉM-CONTRATADOS

Promover a prevenção de acidentes de trabalho na empresa significa efetivar medidas que possam garantir a qualidade da saúde e do bem-estar de todos os funcionários, incluindo os jovens e os recém-contratados. Porém, uma pergunta ainda precisa ser respondida: como transmitir a cultura de segurança da empresa para os jovens e recém-contratados?

Manter a integridade mental e física dos colaboradores tem sido uma preocupação primordial de muitos líderes e gestores. Nesse sentido, o momento de novas contratações merece atenção especial. Sabemos que o processo de recrutamento e seleção requer muito tempo e dedicação, todavia, após todo esforço direcionado na escolha do candidato com perfil indicado para a vaga, chegará o momento de iniciar a integração dos novos funcionários. Entendemos que não zelar pela etapa de ambientação dos recém--contratados poderá comprometer todo o trabalho realizado durante o recrutamento e seleção, uma vez que se funcionário não conhecer os valores e a cultura de segurança da empresa não entenderá a importância do envolvimento e do comprometimento com o comportamento seguro e produtivo. Desta forma, a empresa não precisa investir numa capacitação especial para os jovens e recém-contratados, mas necessita demonstrar zelo pelo treinamento de integração.

Em razão disso, os líderes, gestores e profissionais mais experientes devem disponibilizar atenção especial a este público e não devem expor jovens e recém-contratados a trabalhos perigosos. Precisam preparar os jovens e recém-contratados de maneira adequada e segura para o local de trabalho. Este público pode hesitar em fazer perguntas, então, devemos tomar a iniciativa e motivá-los a expor suas dúvidas. Como sugestão, a empresa poderá diferenciar a cor do capacete de segurança ou uso de um colete específico para os recém-contratados, e, assim, facilitar a identificação destes em áreas de risco. A instituição poderá também pensar em um programa para designar um "padrinho" para cada jovem e recém-contratado, que será responsável pelas orientações práticas e acompanhamento destes no dia a dia de trabalho, durante o período de ambientação. Estas são sugestões que podem facilitar a integração dos recém-contratados e reforçar conceitos sobre segurança e saúde no trabalho.

É preciso relembramos, neste MOMENTO DE SEGURANÇA, da importância do treinamento de integração para os jovens e recém-contratados e verificamos também que o nosso papel como líderes e gestores é orientar e ajudar os jovens e recém-contratados

Figura 36 – Jovens e recém-contratados

principalmente no período de adaptação as normas e procedimentos da empresa, porque é um público inexperiente e vulnerável em questões relacionadas com acidentes de trabalho.

Fabio Ferreira - Técnico em Segurança do Trabalho numa empresa de grande porte que produz fertilizantes e corretivos químicos para o setor agrícola. Técnico em Meio Ambiente. Bombeiro profissional civil. Coordenador da área Delta K, PAM, no Polo Petroquímico de Camaçari-BA, com experiência em liderança e gestão nos seguimentos da área automobilística, energia renovável, produção de pneus e fertilizantes.

CHEGOU UM NOVO EQUIPAMENTO, E AGORA?

Quase sempre há considerações secundárias que não são analisadas ao adquirir novas máquinas, equipamentos ou ferramentas para o ambiente de trabalho. Este é o ponto que vamos considerar hoje em nosso MOMENTO DE SEGURANÇA, cujo tema é "chegou um novo equipamento e agora?".

Diariamente novas máquinas e equipamentos são disponibilizados no mercado. Mas, quando um novo equipamento chega ao local de trabalho, é preciso fazer uma avaliação criteriosa antes de colocar o mesmo em operação, a fim de entender seu funcionamento e os possíveis riscos que esse equipamento pode trazer para o ambiente de trabalho.

Neste MOMENTO DE SEGURANÇA, discutiremos algumas diretrizes básicas para que a nova máquina ou equipamento funcione adequadamente e com segurança. Então, o primeiro ponto é envolver um especialista no assunto, que poderá ser um fornecedor, representante comercial ou um consultor. Independente da sua escolha é crucial envolver alguém com experiência nesta nova tecnologia antes de tomar a decisão de compra e uso.

O próximo passo é analisar toda documentação referente ao equipamento a ser instalado. Isto é, revise o manual do operador, as diretrizes de segurança e a ficha técnica. Em seguida, você deve realizar com a equipe as análises de risco de trabalho e revisar os procedimentos operacionais. É importante, nessa fase, a participação de toda a equipe envolvida no processo.

Além dos pontos citados acima, outros pontos devem ser analisados, como requisitos para treinamento dos funcionários e um programa de manutenção eficaz. O especialista, junto com a equipe envolvida no processo, poderá fazer novos levantamentos e comunicar a gerência durante o processo de integração.

Concluímos que planejar o processo de aquisição de uma nova máquina

Figura 37 – Novas máquinas

ou equipamento, conforme ilustração 37 é benéfico para todos os envolvidos. Esse planejamento é importante não só para a prevenção de acidentes, mas, sobretudo para evitar erros do ponto de vista operacional.

Beatriz Furtado - *Graduada em engenharia mecânica pela Universidade Gama Filho, qualificada como inspetora de fabricação em acessórios de tubulações pela ABENDI; Técnica em Metrologia pelo Colégio Estadual círculo Operário em convênio com Inmetro. Atuou como Metrologista, Inspetora de fabricação em prestadora de Serviços da Petrobrás. Atualmente, trabalha como Inspetora de equipamentos numa Multinacional americana que é uma das maiores empresas de serviços de campos de petróleo do mundo e como consultora em projetos de Engenheira mecânica na empresa PH - POTENCIAL HUMANO.*

DESENVOLVA COMPETÊNCIAS

Sabemos que o mundo passa por processos de transformações sem procedentes, tudo muda o tempo todo e de maneira muito rápida e dinâmica. Neste contexto, o tema do nosso MOMENTO DE SEGURANÇA será desenvolva competências.

O tempo de vida do conhecimento como atualizações é decrescente no que diz respeito à carreira profissional, logo as competências de líderes e liderados necessitam ser aperfeiçoadas em intervalos cada vez menores. Contudo, se você atua na área de SST é importante lembrar que existe uma série de fatores que envolve a aquisição de competências ao longo da sua carreira, visto que tradicionalmente primeiro obtém-se a formação técnica, depois uma graduação e posteriormente uma Especialização, geralmente em Engenharia de Segurança do Trabalho.

Figura 38 – Programa de capacitação continuada

Não importa o quanto você estude aspectos normativos, procedimentos, conceitos legais e teorias da área, que são de suma importância, a sua capacidade de desenvolvimento virá de um trabalho real e prático, da atividade exercida em si. Assim, o profissional de SST irá deparar-se com dificuldades e vários problemas no seu dia a dia, tornando claro que algumas competências só irão ser adquiridas com a experiência vivenciada. Neste sentido, quais seriam as principais competências que um profissional de SST precisa desenvolver para se destacar e apresentar resultados de valor para a empresa? A lista é grande, ainda assim não podem faltar questões sobre comunicação, habilidade de falar em público, empatia, organização, gestão emocional, liderança e trabalho em equipe, já que os profissionais da prevenção precisam fazer a gestão de várias frentes de trabalho, bem como fazer a gestão do tempo, gestão de conflitos e procurar meios para entregar melhores resultados. Lembrando que o prevencionista precisa desenvolver um perfil versátil, revolvedor, conciliador, mediador e educador. Neste ponto, os profissionais de SST, líderes e gestores precisam desenvolver competências essências que fará total diferença no ambiente profissional.

Através da identificação das necessidades reais de treinamento, a empresa poderá investir em programas de capacitação continuada dos seus funcionários, conforme ilustra a figura 38. Assim sendo, líderes com o apoio do setor de Recursos Humanos (Gente e Gestão) precisam saber quais qualificações e competências seus liderados necessitam para trabalhar de forma segura e saudável, uma vez que manter o foco na gestão do desenvolvimento de competências traz inúmeros benefícios para a empresa, pois aumenta a produtividade, melhora a qualidade de seus produtos ou serviços prestados e eleva a segurança e confiabilidade.

Rafaelle Sousa - *Técnica em Segurança do Trabalho pela UNEPI. Graduada em Segurança do Trabalho pela FTM – Faculdade Três Marias. Bombeira profissional civil. Socorrista/APH – GOPE (Grupo de Práticas em Emergência) FESVIP – Faculdade de Enfermagem São Vicente de Paula. É profissional em SST desde 2014. Atualmente, trabalha numa construtora de grande porte, a maior da América Latina.*

DESENVOLVIMENTO COMPORTAMENTAL E DESAFIOS DAS CORPORAÇÕES

Quando saímos de casa para trabalhar, sempre queremos voltar da mesma forma. Isso significa voltarmos com a nossa integridade física intacta e com a sensação de dever cumprido. Nem sempre isso é possível por diversos aspectos ligados ao desenvolvimento comportamental, que passou a ser um desafio para muitas empresas, por isso, neste MOMENTO DE SEGURANÇA, vamos abordar questões relacionadas ao comportamento de alguns funcionários e da liderança.

Na contemporaneidade, é notório o investimento das empresas em requisitos de segurança e saúde no trabalho, pois entende-se que a prevenção de acidentes não gera prejuízo e sim evita perda de produtividade. Entretanto, nada adianta todo investimento em planos e programas de segurança, máquinas, equipamentos, ferramentas modernas, treinamentos e EPI de primeira linha, se o empregado demonstra um comportamento inseguro durante a realização de suas atividades.

Desta forma, é importante que todos tenham boa percepção de riscos para evitar a ocorrência de um acidente de trabalho, porém existem alguns fatores que podem influenciar em tal percepção, são eles: o fator psicossocial, fisiológico, organizacional e, por último, cognitivo. Neste sentido, o trabalho da liderança é fundamental para mapear estes pontos, visto que assumir o compromisso com a prevenção e manter uma boa relação com o liderado faz com que o mesmo relate de forma apropriada algum risco ou preocupação sobre a prevenção de acidentes. Assim, quando o foco se encontra no desenvolvimento comportamental de líderes e liderados, a comunicação

Figura 39 – Funcionários em treinamento

eficaz, o comprometimento de todos em prol do comportamento seguro e uma boa percepção de risco são pontos-chaves, para que o empregado consiga voltar para casa da mesma forma que chegou ao trabalho ou ainda melhor.

Por conseguinte, conscientizar para inovar de forma segura é uma forma de garantir que o empregado passe pelo processo de desenvolvimento comportamental dentro da empresa, incluindo aí questões sobre a qualificação profissional (conforme figura 39), inovação tecnológica, avaliação de desempenho e o comportamento seguro.

Por isso, devemos sempre buscar soluções práticas e seguras no local de trabalho, sem deixar de envolver líderes e liderados na identificação dos riscos e posteriormente desenvolver ações de controle, objetivando prevenir acidentes, dado que estes são alguns dos aspectos ligados ao desenvolvimento comportamental.

Miqueias Paulo Ribeiro - *Técnico em segurança do trabalho há 14 anos na área industrial, líder em desenvolvimento de pessoas, expert em perigos e riscos e desenvolvimento de ações de controles. Atuante na área de mineração para grandes corporações.*

DIREITO DE RECUSA

Você sabe o que é o direito de recusa? Hoje responderemos a esta pergunta no MOMENTO DE SEGURANÇA, já que é um assunto de muita relevância no dia a dia de trabalho, mas que poucas pessoas conhecem.

Uma das mais importantes ferramentas da área da prevenção de acidentes chama-se "direito de recusa" e este direito deve ser exercido sempre que o trabalhador encontrar uma situação de grave e iminente risco. Segundo as regulamentações em segurança e saúde no trabalho, cabe ao empregador garantir o mapeamento dos riscos ocupacionais, definir as medidas de controle, fiscalização e informar para os seus empregados os riscos e as formas de prevenção existentes.

E mesmo com o mapeamento dos riscos e a adoção de medidas de controle, ainda podem surgir situações em que tais medidas não sejam suficientes ou nem mesmo eficazes. Por este motivo, a legislação determina que sempre que o trabalhador se encontrar em uma situação, que ofereça risco à sua vida ou a sua integridade física, ele tem o direito de interromper a atividade até que as condições de segurança sejam favoráveis para a execução do trabalho. A figura 40 ilustra uma atividade interrompida devido uma situação de grave e iminente risco.

Figura 40 – Atividade interrompida

Para exercer este direito, o trabalhador deve antes de tudo saber como reconhecer tais riscos e sempre, que perceber que uma situação de grave e iminente risco, deverá comunicar aos seus superiores e aos responsáveis pela segurança do trabalho, que o ajudarão na avaliação das condições de segurança. Sendo procedente a interrupção da atividade, estas só poderão ser retomadas quando as condições de segurança para a sua continuidade forem adotadas e consideradas eficazes.

Podemos ainda considerar o direito de recusa como uma ferramenta que contribui para que haja maior consciência por todas as partes envolvidas, pois ratifica a obrigatoriedade e à importância da análise e prevenção dos riscos, além de, não menos importante, fazer com que os trabalhadores envolvidos em atividades de risco passem a refletir melhor sobre os perigos e riscos de suas atividades. Importante salientar que o direito de recusa está preconizado na Norma Regulamentadora número 01 do Ministério do Trabalho e Previdência Brasileiro. Logo, gestores, líderes e supervisores, com apoio do profissional de segurança, devem criar medidas de controle necessárias, para que os funcionários executem suas tarefas de forma segura e produtiva. Então, você já parou para observar o seu ambiente de trabalho e fazer uma avaliação de segurança do mesmo? Eis uma grande oportunidade para começar a fazer uma avaliação das condições de segurança do seu local de trabalho, contribuindo para identificação de situações de grave e iminente risco (GIR), tornando assim o seu ambiente de trabalho cada vez mais seguro.

Manuel Frederico de Oliveira Gomes - *Técnico em Segurança do Trabalho formado pelo Centro Federal de Educação Tecnológica Celso Suckow da Fonseca - CEFET/RJ – 2004. Graduando em Processos Gerenciais.*

ESTEJA NO MOMENTO PRESENTE

Vivemos literalmente em um mundo de distrações e manter atenção na execução das tarefas diárias pode ser um grande desafio para muitas pessoas, principalmente para os funcionários mais jovens. Então, como podemos manter atenção na execução das tarefas do dia a dia? Você sabe o que significa presenteísmo?

Preocupações, problemas de saúde, problemas familiares e problemas financeiros podem afetar facilmente a nossa capacidade de manter o foco na execução de nossas atividades. É importante perceber quando o nosso foco não está totalmente no que está acontecendo ao iniciar uma tarefa, posto que com frequência estamos fisicamente presentes no ambiente de trabalho, mas no piloto automático, porque a nossa concentração pode estar distante. Esse fenômeno é classificado como presenteísmo, que ocorre quando o funcionário está fisicamente presente na empresa, mas mentalmente não.

Assim, não estar focado na execução da tarefa aumentará os riscos envolvidos no processo. Imagine que seu líder ou o profissional de SST esteja transmitindo orientações de segurança sobre uma nova etapa de trabalho, porém a sua mente começa a divagar e você não presta atenção nas instruções de segurança. E naquele mesmo dia, você indevidamente aciona uma alavanca e depois não sabe onde fica o novo interruptor de parada emergencial, o que demonstra que as consequências da sua falta de atenção poderão ser terríveis.

Então, quando estiver recebendo instruções ou participando de um treinamento de segurança, verifique se está ouvindo ativamente a pessoa que está falando. Uma forma de manter a atenção e ser um bom ouvinte é tratar as informações como algo que você precisará ensinar a um colega de trabalho ou explicá-las ao seu superior

Figura 41 – Funcionários com foco no trabalho

hierárquico. A figura 41 ilustra funcionários mantendo atenção nas atividades realizadas.

Procure meios para distanciar-se dos problemas pessoais, tente acalmar suas preocupações e se julgar necessário peça ajuda ao seu líder, converse com o pessoal do setor de Recursos Humanos (Gente e Gestão) ou com o profissional de SST.

Lembre-se que a responsabilidade de manter o foco na execução de tarefas e a atenção no local de trabalho é totalmente sua.

Realmente é muito fácil nos distrairmos hoje em dia, entretanto temos que assumir a responsabilidade de manter o foco na execução de nossas tarefas diárias, para sermos produtivos e evitarmos a ocorrência de acidentes de trabalho.

__Manuela Novais Eça__ – Graduada em Psicologia e responsável pela gestão de Recursos Humanos na empresa Ramos Reis Engenharia Ltda.

EVITE A COMPLACÊNCIA NO LOCAL DE TRABALHO

Qual a definição de ser complacente no local de trabalho? Quais são os efeitos da complacência? O MOMENTO DE SEGURANÇA de hoje vai abordar o tema: evite a complacência no local de trabalho.

No contexto empresarial, quase não se discute sobre a influência da complacência como fator contribuinte para ocorrência de incidentes. A figura 42 exemplifica alguns acidentes ocorridos tendo como fator contribuinte a complacência de líderes e liderados.

Ser complacente no local de trabalho é ser tolerante a riscos e agir de forma flexível, leviana ou até mesmo irresponsável, com aspectos ligados a segurança e a saúde no trabalho.

Assim sendo, talvez, você já tenha escutado a seguinte frase: "eu trabalho há anos desta forma e nunca me aconteceu nada" ou "isso sempre foi feito desta maneira, não quero mudar" ou até mesmo "nunca usei um respirador e não sinto nada". Tais expressões revelam de forma clara o estado mental de complacência.

Sabemos que a complacência ocorre quando um

Figura 42 – Acidentes relacionados ao estado mental de complacência

funcionário se torna muito familiarizado com os perigos, de forma que passa a não se preocupar mais com eles no seu dia a dia de trabalho. Alguns líderes e gestores também parecem complacentes e acabam não se preparando, nem respondendo adequadamente àqueles riscos, que podem gerar acidentes graves. Contudo, ao manifestar um comportamento complacente, o funcionário passa a perder o foco na segurança do que está fazendo e em todos os processos que estão ocorrendo a sua volta. Trata-se de um erro crítico, que poderá resultar em consequências terríveis para o funcionário e seus colegas de trabalho, visto que este estado mental faz com que o funcionário se coloque facilmente na linha de fogo, podendo desta forma sofrer um acidente grave ou fatal ou ainda machucar outras pessoas.

Por isso, precisamos entender que o estado mental de complacência faz com que o funcionário cometa vários erros críticos na execução de suas atividades, aumentando desta maneira o risco de sofrer um acidente grave ou fatal.

Quanto ao estado mental de complacência, podemos concluir que primeiramente é preciso identificar funcionários ou líderes que manifestem tal comportamento, depois devemos ajudá-los a terem consciência deste estado prejudicial, para que se possam reduzir e eliminar os erros críticos cometidos nos locais de trabalho, evitando assim a ocorrência de acidentes.

Rodrigo de Jesus Bispo Lima *– Graduado em Engenharia Mecânica, FATEC – Alagoinhas-BA. Pós-Graduado em Engenharia de Segurança do Trabalho. Especialização em Engenharia e Gerenciamento de Manutenção, Grupo Educacional FAVENI; e Planejamento Estratégico / Engenheiro Mecânico na Ramos Reis Engenharia Ltda.*

EVITE RECLAMAÇÕES E JULGAMENTOS NO LOCAL DE TRABALHO

O funcionário chegou atrasado novamente ao local de trabalho e vive literalmente em modo tartaruga. O novo projeto será um fracasso total, podem escrever isso. O setor de montagem vive desorganizado, pois o gestor é um fracasso. Esses são alguns exemplos de críticas, reclamações e julgamentos no ambiente de trabalho. Será que as críticas, as reclamações e julgamentos ajudam ou atrapalham? Vamos abordar essas questões em nosso MOMENTO DE SEGURANÇA.

Entendemos que qualquer atividade empresarial sempre envolverá prioridades, dúvidas, decisões, erros, acertos e o relacionamento com pessoas de diferentes idades e aspectos culturais, entretanto somos, na maioria das vezes, rápidos em apontar os erros dos outros, criticar negativamente e julgar, todavia, em contrapartida, somos lentos ou temos dificuldades para reconhecer um trabalho bem feito e elogiar sinceramente.

No fundo, sabemos que a crítica negativa pouco ajuda e muito atrapalha. Então, por que existe resistência em reconhecer algo positivo nos funcionários? Por que muitos líderes, supervisores e gestores são descuidados ao dar um feedback positivo para seus liderados?

Talvez, seja porque as críticas, reclamações e julgamentos tenham se tornado um hábito, conforme ilustra a figura 43.

Percebemos que muitas críticas e pouco ou nenhum tipo de elogios podem acabar com qualquer motivação nos ambientes de trabalho, principalmente, quando a crítica é injusta e não possui qualquer fundamento. Logo, com uma baixa disposição dos funcionários, aumentam-se as probabilidades de ocorrência de acidentes, visto que quando a

Figura 43 – Líder com hábito de reclamar e criticar

liderança da empresa exerce seu poder e autoridade a base de críticas e julgamentos, quase nunca se percebe os danos que suas ações geram na equipe de trabalho e os resultados negativos vinculados aos principais indicadores de sucesso da organização.

Então, da próxima vez que você pensar em criticar ou julgar um membro da sua equipe ou colega de trabalho, responda antes a três perguntas básicas: será que eu também não faço aquilo que quero criticar? A crítica que quero fazer é construtiva e vai realmente ajudar o outro a ser melhor profissionalmente? Posso reservar um tempo para tentar entender o comportamento daquela pessoa antes de criticá-lo ou julgá-lo? Criticar, reclamar e julgar é muito fácil, entretanto o nosso papel aqui não é este. Assim, devemos liderar a promoção de reconhecimento, redirecionamento e feedbacks positivos no ambiente de trabalho.

Luís Henrique Ferreira de Araújo –
Supervisor Operacional na empresa Ramos Reis Engenharia Ltda.

FAÇA DA PREVENÇÃO UM HÁBITO

Se perguntarmos a você, ou alguém que você conheça, se já desejou se acidentar, logicamente, a resposta vai ser não. Então, por que é tão difícil conscientizar as pessoas do papel que elas têm na eliminação dos fatores, que levam aos acidentes e, em consequência, na redução desses acidentes de trabalho? Quem conseguir responder a estes questionamentos descobrirá a chave, para que milhares de pessoas deixem de sofrer diariamente com lesões, mutilações, óbitos e famílias inteiras desamparadas.

Ocorre que, com o passar dos anos, o ser humano adquire maus hábitos e costumes que os levam a pensar que regras são empecilhos, que se ignorar um sinal vermelho, somente uma vez, não causará um acidente. Pior será quando este hábito passa a ser inconsciente. Por exemplo, um dos acidentes mais comuns em elevadores é o de queda em poço. A porta do elevador se abre e a pessoa acessa o compartimento ainda no escuro e cai no poço do elevador.

Quem trabalha com prevenção já se deparou com situações em que ao interpelar alguém em condição insegura, advertindo sobre o risco que corre, teve a ingrata surpresa de, ao invés de agradecimento, ser questionado por esse trabalhador, não raramente com intransigência. Para reverter esse cenário, o que indicamos não é uma tarefa fácil e de curto prazo. Ações conscientizadoras e que necessitam, ao longo de sua implantação, de análises de erros e acertos com correção de rumos e de resultados.

Quanto mais cedo os profissionais tiverem contato com aspectos ligados a prevenção de acidentes de trabalho mais sucesso terão, incorporando a prevenção como um hábito saudável e necessário, acumulando bagagem para passar para ou-

Figura 44 – Funcionário fez da prevenção de acidentes de trabalho um hábito.

tras pessoas o conhecimento adquirido, agindo também de forma proativa e ficando fluente em ações prevencionistas, conforme exemplifica a figura 44.

Então, lembre-se que a segurança é a licença para realização de qualquer tarefa, por isso faça da prevenção um hábito.

Carlos Britz *– Gerente Industrial numa empresa de grande porte que produz fertilizantes e corretivos químicos para o setor agrícola. Engenheiro Mecânico – Universidade Federal do Rio Grande do Sul – FURG. MBA em Gerenciamento de Projetos na Fundação Getúlio Vargas - FGV. Pós-Graduação em Engenharia de Segurança do Trabalho. Pós-Graduação em Gestão Empresarial, Administração de Negócios – Universidade Federal do Rio Grande do Sul.*

FAÇA MAIS DO QUE O ESPERADO

Não importa se o trabalho é simples ou complexo, não importa o tamanho do desafio ou a da missão. No MOMENTO DE SEGURANÇA de hoje, veremos por que fazer mais do que o esperado trará bons resultados em sua vida pessoal e profissional.

Se você deseja obter excelentes resultados em qualquer área da sua vida, saiba que a regra em fazer mais que o esperado é muito simples, entretanto não é muito fácil de colocar em prática, porque no dia a dia estamos acostumados a fazer apenas o necessário. Mas, você prefere, por exemplo, ir a um restaurante que lhe oferece minimamente o que é esperado ou você prefere estar com sua família em um restaurante que sempre faz mais que o solicitado? Se você quer ter braços mais fortes, continuará fazendo as mesmas coisas ou deixará seus braços descansando até atrofiar? Claro que não. Pois, se você desejar ter braços mais fortes terá que frequentar uma academia específica para fazer exercícios de musculação, sempre aumentar o peso do aparelho e necessita se esforçar cada vez mais.

Agora, no ambiente de trabalho, que tipo de reputação você deseja possuir? A reputação de uma pessoa que faz sempre o mínimo possível, que vive se escondendo ou colocando dificuldades na execução das tarefas ou a reputação de um funcionário que sempre entrega mais que o combinado? Você sabia que os maiores CEO dos Estados Unidos leem em média 60 livros por ano. Quantos livros você leu nos últimos 2 anos?

Neste sentido, funcionários que fazem mais que o esperado buscam sempre melhorias no processo, inovam, criam possibilidades, oferecem sugestões, esforçam-se mais e, naturalmente, são os que têm mais oportunidades de ascender na carreira.

A figura 45 ilustra dois funcionários procurando seu supervisor para relatar que a tarefa

Figura 45 – Funcionários fazendo mais que o esperado no ambiente de trabalho.

foi concluída com sucesso antes do prazo e que estão dispostos a iniciar uma nova atividade.

No entanto, quando o assunto é prevenir acidentes, devemos criar o hábito de fazer mais do que o esperado todos os dias, pois os resultados serão benéficos para você e todos na empresa.

Como observamos no texto, uma característica dos funcionários que se destacam é o esforço adicional, ou seja, fazer sempre mais que o esperado. Desta forma, eles surpreendem seus líderes, oferecendo-lhe mais resultados do que esperavam. Verificamos também a necessidade de sempre fazermos mais que o esperado, quando o assunto é prevenir de acidentes de trabalho.

Renailton dos Santos –
Supervisor Operacional na Ramos Reis Engenharia Ltda.

INVESTIGAÇÃO DE ACIDENTE DE TRABALHO

Investigação é o processo de análise de um evento com o objetivo de esclarecer os motivos, que levaram à sua ocorrência. Durante a modernização da indústria, os profissionais voltados para a prevenção perceberam a necessidade de criar novas estratégias. Frank Bird Jr. estabeleceu uma relação que revolucionou o mundo.

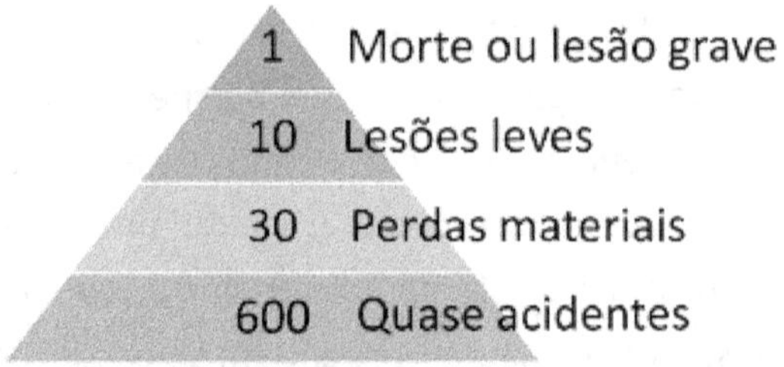

Figura 46 – Pirâmide da relação 1-10-30-60

Em meados de 1960, Bird Jr. analisou mais de 3 bilhões de horas de homens em exposição ao risco. Foram mais de 1 milhão e meio de acidentes relatados por 297 empresas, sendo mais de 21 tipos diferentes de indústrias, chegando à conhecida relação 1-10-30-600, conforme figura 46.

Com esse entendimento, fica mais fácil compreender que o acidente de trabalho é um acontecimento não programado durante a atividade profissional, conforme dispõe o art. 19 da Lei nº 8.213/91:

> *Acidente de trabalho é o que ocorre pelo exercício do trabalho a serviço da empresa ou pelo exercício do trabalho dos segurados referidos no inciso VII do art. 11 desta lei, provocando lesão corporal ou perturbação funcional que cause a morte ou a perda ou redução, permanente ou temporária, da capacidade para o trabalho.*

Existem diversas metodologias utilizadas em investigações de acidentes, contudo as mais usadas são a árvore de causas e o método de Ishikawa. Vale ressaltar que, durante o processo de investigação, é preciso utilizar estratégias seguindo algumas etapas, em virtude dessas etapas serem fundamentais para esclarecer o que de fato aconteceu durante o acidente. As etapas são formação de uma equipe multidisciplinar, visando buscar as causas imediatas e as causas raízes da ocorrência; a segunda etapa diz respeito a fazer registros fotográficos e vídeos do cenário; a terceira etapa consiste em entrevistar de forma individual os trabalhadores envolvidos no evento e informar aos responsáveis pelo setor o ocorrido com data, hora, local, registro do equipamento, setor, clima, temperatura, luminosidade, vítima, nome do envolvido e empresa; na quarta etapa emite-se a CAT (comunicação de acidente de trabalho); e depois, na quinta etapa, se faz necessário envolver a CIPA (comissão interna de prevenção de acidentes); e a sexta etapa consiste em simular o acidente ocorrido, pois a reconstituição ajuda a esclarecer duvidas sobre o evento.

As empresas que estabelecem como meta o "ZERO ACIDENTE" aprendem como evitar novas ocorrências e futuras repetições, por isso é imprescindível que seja elaborado o relatório do acidente ocorrido, descrevendo um plano de ações com os prazos, medidas cabíveis e os seus respectivos responsáveis.

Lourival Vasques - Possui mais de 41 anos de experiência como profissional em segurança do trabalho com ênfase em emergências; Pós-Graduado em Segurança do Trabalho e Gestão de Pessoas; e Tecnólogo em Segurança Pública. Técnico de Segurança do Trabalho - Escola Engenharia Eletro Mecânica da Bahia (1989). Participou das Operações Contra Incêndios - The Texas A&M University System –TEXAS ENGINEERING Instrutor Internacional ECSI. Fundador do projeto Aulão Solidário.

INTERVIR PARA AJUDAR

No MOMENTO DE SEGURANÇA de hoje, vamos refleti sobe o tema "interferir para ajudar". Então, veremos como podemos intervir para ajudar nossos colegas de trabalho.

Compreendemos que é importante reconhecer os perigos no local de trabalho, para tanto, devemos estar atentos e observarmos a interação das pessoas com o ambiente laboral. Devemos também avaliar se alguns comportamentos são seguros ou não, contudo algumas vezes é necessário ir além do básico em SST para verdadeiramente ajudar os nossos colegas de trabalho.

As medidas necessárias para um ambiente de trabalho seguro estão vinculadas a valorização do ser humano, mostrando a importância de voltar para casa após um dia de trabalho, sendo que tais medidas, muitas vezes, envolverão ações voltadas para intervenção. Por exemplo, um funcionário está fazendo a soldagem de uma tubulação e não realizou uma avaliação de risco. Neste caso hipotético, não é aconselhável realizar uma abordagem que venha constranger o empregado, deve-se agir com sabedoria, solicitando ao mesmo um minuto de atenção, visando apresentar todos os riscos identificados naquela tarefa. A figura 47 faz uma analogia desta situação.

Ou você ainda poderá chamar a atenção da pessoa dizendo: "Colega, eu estava observando você trabalhar e fiquei preocupado com a sua segurança".

Em seguida faça perguntas amplas: quão grave seria se um fragmento de metal atingisse seu olho? Qual seria o impacto negativo para você e sua família, se você ficasse cego? O que você deve e pode fazer agora para continuar executando esta atividade de forma segura?

Figura 47 – Colega intervindo para ajudar

As perguntas devem levar o funcionário a refletir sobre a situação insegura, sua gravidade e as formas de corrigi-la. Em seguida, reforce pontos positivos deste funcionário, demonstre empatia e agradeça pelo compromisso firmado em trabalhar de forma segura.

Sabemos que na prática não é fácil intervir, porém, como o exemplo demonstra, agir em prol da prevenção é necessário. Logo, com o objetivo de ajudar as pessoas a tornar a área ou a atividade segura, devemos criar o hábito de intervir sempre que necessário. Entendemos que o dia a dia é feito de desafios e superação, onde tomamos decisões de salvar vidas, através de abordagens educadas e de fácil entendimento. Desta forma, precisamos manter um compromisso com nós mesmos, com nossos familiares e com amigos em voltar para casa todos os dias, após uma jornada de trabalho, bem como devemos ajudar e nos preocupar com nossos colegas de profissão por meio de intervenções necessárias.

Edivaldo da Silva – Técnico em Segurança do Trabalho e Gestor Ambiental. Pós-Graduado em qualidade, segurança do trabalho, meio ambiente e saúde ocupacional (QSMS), com experiência profissional de mais de 17 anos em SST, com atuação em empresas de médio e grande porte, nacionais e internacionais.

INSPEÇÕES NOS LOCAIS DE TRABALHO

Sabemos que as inspeções nos locais de trabalho são de grande relevância para uma excelente gestão em SST, no que se refere principalmente a evitar acidentes e doenças relacionadas ao trabalho. Ainda, podemos destacar que as inspeções, nos locais de trabalho, são uma das principais formas de reconhecer, avaliar e controlar os riscos ocupacionais existentes numa empresa de qualquer tamanho e seguimento. Contudo, como podemos definir uma inspeção? Quais são os tipos de inspeções que podemos realizar nos locais de trabalho?

Inicialmente, podemos entender que as inspeções são exames regulares nos locais de trabalho, que tem por objetivo reconhecer pontos positivos, oportunidades de melhorias e possíveis desvios em SST, de modo que sejam adotadas ações preventivas ou corretivas para neutralizar, reduzir ou eliminar os riscos ocupacionais existentes na empresa.

Assim sendo, basicamente existem dois tipos de inspeções: as inspeções formais e as informais. Entendemos que as inspeções formais são programadas e podem ser realizadas semanalmente ou uma vez por mês. Esta forma inspeção deverá ser realizada preferencialmente por um engenheiro ou um técnico em segurança do trabalho, ou ainda por alguma assessoria especializada em SST, isso porque estes profissionais conhecem os riscos que podem gerar acidentes ou doenças do trabalho. Assim, para realizar uma inspeção, pode-se usar um check list (folha de verificação) específico e, no final, deve-se emitir um relatório detalhando todos os itens, juntamente com um plano de ação.

Entretanto, sabemos que as inspeções informais são realizadas com maior frequência, pois não são programadas. Mesmo podendo-se fazê-las diariamente, objetivando prevenir doenças,

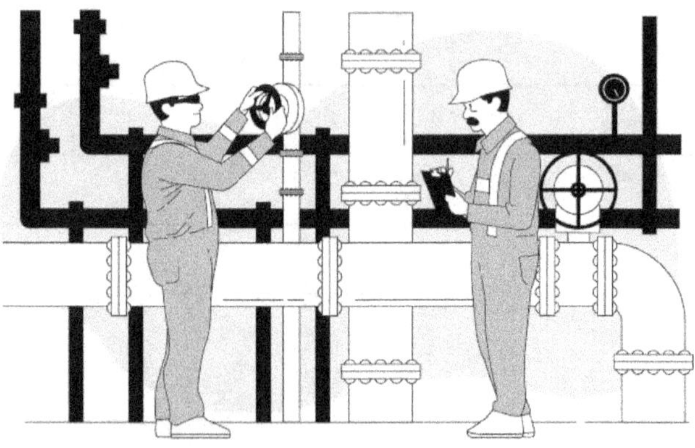

Figura 48 – Realização de inspeções informais

lesões e perdas materiais, visto que trata-se de uma inspeção rápida e objetiva que pode ser feita por um supervisor de área, por um líder operacional, ou por um membro da CIPA (comissão interna de prevenção de acidentes), conforme demonstra a figura 48.

Assim, podemos concluir este MOMENTO DE SEGURANÇA ressaltando que é de suma importância realizar inspeções nos locais de trabalho, objetivando reduzir o número de incidentes e desvios em SST, bem como visando proporcionar um ambiente harmonioso e salubre para todos os funcionários. Contudo, se sua empresa não possui em seu quadro efetivo um engenheiro de segurança ou técnico em segurança do trabalho para realizar as inspeções, pode-se, neste caso, contratar uma assessoria especializada.

Thiago Monteiro Morada - Graduado em Gestão Ambiental, Técnico de Segurança do Trabalho, instrutor e supervisor de espaço confinado. Atualmente, trabalha como Técnico em segurança do trabalho em uma empresa multinacional alemã de grande porte.

LEVANTAMENTO MANUAL DE CARGAS

O MOMENTO DE SEGURANÇA de hoje vai abordar o tema "levantamento manual de cargas". Logo, veremos algumas recomendações importantes para esta atividade.

Não é novidade para vocês que a movimentação manual de cargas ocorre com frequência em vários processos de uma empresa, mas existe a maneira correta para levantar e transportar manualmente uma carga. Então, sempre que existir a necessidade de realizar uma tarefa dessa natureza, deve-se primeiramente avaliar se o peso da carga é compatível para movimentação manual, obtendo uma resposta positiva, siga as seguintes recomendações, conforme ilustração da figura 49: aproxime-se da carga com os pés afastados, mantenha a cabeça e as costas em linha reta, segure firmemente a carga, levante-a usando somente a força das pernas. Agora, aproxime a carga do corpo, mantendo-a centralizada em relação às pernas. Atenção, não incline as costas, não fique muito longe da carga e não levante peso além da sua capacidade física, sempre que possível diminua o peso e reduza o número de repetições para não sobrecarregar os joelhos. Evite carregar materiais por locais escorregadios ou com desníveis, evite também transportar cargas usando apenas uma das mãos, procure distribuir o peso nos dois braços. Caso exista necessidade, solicite apoio de outro colaborador ou utilize um carro transportador.

Figura 49 – Levantamento manual de carga.

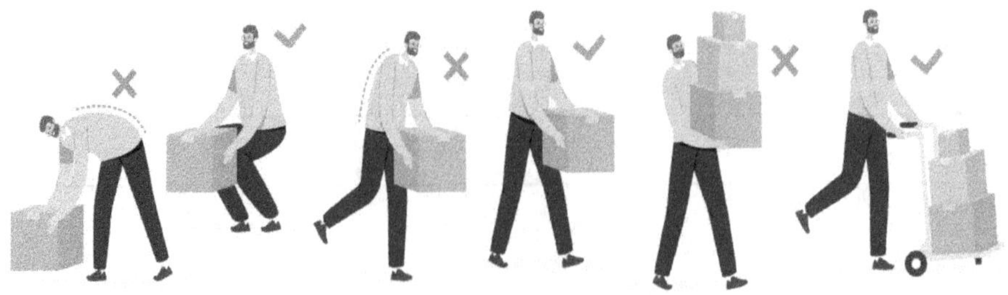

Devemos lembrar sempre aos nossos colaboradores a importância de seguir as recomendações, que consideramos hoje no MOMENTO DE SEGU-

RANÇA, visto que, caso algum deles realize um levantamento manual de peso de forma incorreta, poderá sofrer lesões de imediato ou de consequências futuras.

__Jéferson Santos__ – Sócio Proprietário da GR Soluções e Serviços de Engenharia. Graduando em Engenharia mecânica. Técnico em Segurança do Trabalho. Técnico em mecânica; Técnico em resgate operacional; instrutor de normas técnicas em segurança e saúde no trabalho; líder de Brigada de incêndio; auditor interno do Guia PPSSMA – COFIC; vice-coordenador do PAM pela área Delta K em 2019. Possui mais de 19 anos de experiência no seguimento industrial, coordenando programas de prevenção de perdas e atendimento a emergências.

LEVE A PREVENÇÃO PARA CASA

Acidentes não ocorrem apenas nos locais de trabalho. Logo, no MOMENTO DE SEGURANÇA de hoje, vamos reforçar a importância de levarmos o conceito da prevenção de incidentes para o nosso lar.

Sabemos que os funcionários passam muito tempo discutindo e aprendendo sobre segurança e saúde no trabalho, já que são muitos cursos, palestras, treinamentos e campanhas sobre prevenção de acidentes, porém os funcionários devem fazer mais com esse conhecimento do que apenas mantê-lo para si e usá-lo na empresa, uma vez que as informações de segurança e saúde no trabalho, que você aprende, devem ser levadas para casa, visto que acidentes podem ocorrer em qualquer lugar e nossos familiares não possuem o conhecimento que possuímos sobre prevenção.

Assim, sempre que possível aplique o conhecimento adquirido no trabalho em sua residência. Por exemplo, os produtos químicos e outras substâncias nocivas estão trancados para proteger as crianças e animais de estimação? Se você tem uma piscina, ela possui uma cerca e um portão adequado? Se você tem filhos pequenos, as janelas possuem redes ou grades de proteção? Você e outros membros da família usam EPIs (equipamentos de proteção individual) adequados, ao trabalhar no quintal ou ao realizar reparos no telhado? Você colocou protetores nas tomadas para prevenir choques elétricos em crianças? Ao colocar uma panela no fogo, você, às vezes, esquece o cabo virado para fora? Na cozinha, facas e objetos cortantes estão fora do alcance de crianças? Você faz uma verificação periódica das condições do sistema elétrico da sua residência? Neste caso, fios, disjuntores

Figura 50 – Cuidados com a família

e tomadas devem ser averiguados para que não haja superaquecimento ou eventuais fagulhas, que poderão provocar o início de um incêndio. Vidros quebrados ou rachados são trocados com urgência?

Tais reflexões sobre a prevenção de acidentes no lar são fundamentais, uma vez que não podemos vacilar no local de trabalho e tampouco em nossa residência. Lembre-se sempre que você deverá dar o exemplo em todos os espaços e orientar as pessoas constantemente.

Pois, manter-se seguro e saudável permite que você continue trabalhando e cuidando da sua família, conforme a figura 50.

Observamos, neste MOMENTO DE SEGURANÇA, que é de suma importância entender conceitos sobre a prevenção de acidentes no local de trabalho e devemos aplicar tais ensinamentos em nosso lar. Devemos ainda ser exemplos em todos os sentidos para protegermos nossos amigos e familiares.

Ana Tatiele Santos Reis
Gerente financeira na Ramos Reis Engenharia LTDA

____

____

____

____

____

____

____

OBJETIVOS E METAS

Sempre que pensarmos em objetivos e metas de uma empresa, organização ou indivíduo, a interpretação mais simples e literal se traduz na autorreflexão do ente em saber qual é o alvo que está sendo perseguido e como fazer para atingi-lo. Se tiver como objetivo pessoal uma viagem às praias de Maceió no final do verão, por exemplo, é importante definir quais serão os passos a serem atendidos (metas) para que alcance este "desejo" (objetivo).

Tendo este objetivo definido, a próxima etapa é a definição das metas, que serão perseguidas em prol deste objetivo traçado, este passo é fundamental, e se faz necessário muita seriedade e maturidade nesta fase. Exemplo, se eu quero perder 24 kg em 12 meses, deve ser mais provável conseguir atender esta meta perdendo 2 kg por mês (para definir como fazer para perder) do que sinalizar que vou perder 24 kg totais somente no último mês (sem traçar planos para tal). Nas duas metas, sinalizei meu desejo (objetivo), porém, na segunda meta, eu desafiei todo a redução no último mês para atendimento.

Deixamos como proposta para futuras pesquisas, um método muito difundido em empresas multinacionais de grande porte, o Método **SMART** (*S*pecific, *M*easurable, *A*ttainable, *R*ealistic e *T*ime-bound), que prega que toda meta deve ter esses 5 fatores e deve ser alinhada com o objetivo (também conhecido como norte verdadeiro - NV) da empresa.

Assim, para que cheguemos ao "norte verdadeiro" de uma empresa ou realização pessoal, precisaremos ter metas que sejam Específicas, Mensuráveis (que possam ser medidas),

Figura 51 – Objetivos e metas do setor

Atingíveis, Relevantes (impacto da meta no objetivo) e Limitadas no tempo (precisa ter fim). A figura 51 representa uma equipe detalhando os objetivos e metas do setor de trabalho.

Mas como saber se estamos atingindo as metas? É preciso também MONITORAR. Como? KPIs, essa é a resposta! Os KPIs (*Key Performance Indicator,*) são indicadores chaves de performance, que visam avaliar, com resultados, o andamento de cada meta (por isso a importância de ter valor e ser mensurável), em um período determinado pelo dono do objetivo ou da entidade.

Concluindo, para que tenhamos um norte verdadeiro atingível e consistente em uma organização, ele deve ser seguido de metas que sejam específicas, mensuráveis atingíveis, relevantes com um tempo de atendimento adequado ao NV e que estas possam ser monitoradas em períodos fracionados, através de KPIs robustos, tratados por um time multidisciplinar e alinhado com o mesmo norte verdadeiro.

Ronaldo Sodré *– Graduado em Engenharia mecânica na Faculdade de Engenharia Souza Marques (2007), com MBA em Gestão de negócios na engenharia de óleo e Gás – FGV (Rio de Janeiro – RJ) – 2014 e Pós– Graduação em Finanças – FGV (Rio de Janeiro – RJ) – 2019-2020. Possui 20 anos de experiência (2021) em ambiente industrial onde: 14 anos atuando em atividades de liderança/engenharia e 6 anos na atuação em funções técnicas e suporte nas unidades produtivas. Atuou nos segmentos de Oil &;Gás, Metalurgia / Máquinas Operatrizes, Mineração, Bebidas e assistência técnica, sempre em empresas multinacionais e referências em seus negócios.*

O CUSTO DAS DROGAS NO TRABALHO

Não existe novidade em afirmar que uma pessoa, ao trabalhar sobre o efeito de álcool ou outras drogas, obtém uma redução do tempo de raciocínio, resposta e da capacidade motora, afetando com isso o seu desempenho de forma geral e comprometendo a sua segurança e a de outros colegas de trabalho. Ano após ano, cresce o número de concessão de benefícios por auxilio doença atribuído pelo INSS (Instituto Nacional de Seguro Social), em virtude de transtornos mentais e comportamentais pelo uso de drogas, no Brasil. É um problema reconhecido e contemplado na classificação internacional de doenças CID-10, sob o CÓDIGO F-10 (transtornos mentais e comportamentais pelo uso de álcool).

Entretanto, é uma situação ainda mais preocupante se considerarmos ser um problema social, que também afeta as famílias e as empresas e é passível de tratamento se identificado precocemente.

Considerada como doença pela Organização Mundial da Saúde (OMS), a dependência de substâncias precisa ser um tema abordado nas empresas, para que haja ações de prevenção e tratamento.

Nesse contexto, a liderança exerce um papel fundamental, uma vez que precisa ter a sensibilidade para observar uma mudança no comportamento e nas respostas aos desafios diários do trabalhador. Por exem-

Figura 52 – Uso de álcool no trabalho

plo, dificuldade de cumprir novos desafios; desconforto com mudanças na rotina de trabalho; ocorrência mais frequente de desvios; não uso dos equipamentos de proteção individual; agressividade e dificuldade de convivência coletiva, entre outros; são indicadores relevantes de algum problema com drogas, porém será preciso muita cautela ao tratar do assunto e não deve ser tratado com discriminação, mas sim como uma questão de saúde no ambiente de trabalho.

Portanto, muitas empresas possuem estruturas organizacionais que podem contribuir com ações preventivas e estabelecer medidas de controle eficazes para o uso de drogas. Para isso, é preciso fazer uma avaliação das condições de trabalho e considerar aspectos sociais, em especial no que se refere aos familiares; ter o cuidado na tratativa dos casos identificados; promover o diálogo com o funcionário respeitando os seus limites, visto que o trabalhador pode estar com um problema que não pode tornar-se público; propor o encaminhamento para o tratamento em instituições especializadas na recuperação da saúde mental. Somando-se a isso, apesar de previstas no artigo 482 da CLT, as sanções administrativas pertinentes aos casos de uso de droga na empresa têm sido derrubadas pelos titulares das varas judiciais, pois o entendimento jurídico considera que uso e dependência de drogas não é caso para demissão, é caso de encaminhamento para tratamento médico, já que se trata de reconhecida doença. Logo, devemos envolver setores estratégicos que reforcem as campanhas de saúde, no que diz respeito à prevenção.

Raimundo Rodrigues dos Santos – *Engenheiro de Segurança do Trabalho; Perito em insalubridade e periculosidade; Projetista de dispositivos de proteção contra incêndio e Especialista em análise de riscos.*

____

____

____

____

____

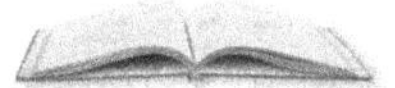

O PAPEL DO LÍDER NA PREVENÇÃO DE ACIDENTES

A liderança exerce um papel relevante na prevenção de acidentes, por isso o líder contemporâneo deverá estruturar o melhor caminho que almeja alcançar com a sua equipe, através de diagnóstico das ocorrências dos acidentes e incidentes nos locais de trabalho. Para tanto, a fundamentação e a estruturação, no caminho da excelência empresarial, passam pelos valores que são as políticas e os princípios de QSSMA (Qualidade, Saúde, Segurança e Meio Ambiente); pelo sistema que são os elementos estratégicos; e o que, que são as diretrizes em QSSMA; e pelo como que são os procedimentos de QSSMA. Neste sentido, os pilares para uma cultura forte em QSSMA necessitam de:

Compromisso da liderança e gestão em consonância organizacional, com foco no desenvolvimento comportamental e cultural, através da participação de toda empresa no gerenciamento eficaz em QSSMA, estabelecendo objetivos e metas desafiadoras e implementando reuniões de análise crítica.

Identificação e análise de riscos e impactos em QSSMA, ou seja, é preciso uma sistemática para identificar, avaliar, controlar, minimizar e prevenir riscos e impactos e suas consequências para a saúde das pessoas, para o meio ambiente, para a segurança das instalações e para a imagem da empresa, através de criação de uma metodologia específica e utilização de ferramentas, que quantificam os riscos dos processos, juntamente com matrizes de aspectos e impactos de riscos.

Controlar os riscos através da elaboração de padrões e procedimentos com acompanhamento das qualificações, habilitações e os controles dos vencimentos. Aí incluem os gerenciamentos de parceiros e fornecedores que devem ser comprometidos com práticas, valores e desempenho de QSSMA da empresa, bem como assegurar que todos os equipamentos, instalações e processos sejam projetados segundo as melhores referências, sendo fabricados e montados, de acordo com as especificações definidas com a utilização do uso de tecnologias comprovadas, ergonômicas e intrinsecamente seguras.

Informações de produtos e processos; aqui os líderes devem disponibilizar informações de segurança dos produtos e as demais informações operacionais (processos, equipamentos e instalações), as quais devem permanecer atualizadas, precisas, disponíveis e compreensíveis.

Comportamento preventivo; a liderança deverá desenvolver o comportamento preventivo das pessoas na empresa e reconhecer os funcionários pelo comportamento preventivo.

Portanto, embasado nos pilares para o melhor desenvolvimento de uma cultura de QSSMA, o líder contemporâneo deverá oferecer ambiente de trabalho seguro, criando espaço para o diálogo, prevenindo acidentes e incidentes, capacitando, verificando a aderência dos procedimentos, respeitando e valorizando as diferenças; bem como demostrando ter autoconsciência para desenvolver uma equipe mais aberta na implementação das ferramentas de QSSMA e estando preparado para ajustar as mudanças exigidas.

Jorge Antonio Silva dos Santos - *Técnico de segurança do trabalho, Higienista ocupacional; Engenheiro de Produção; Pós-graduação em Engenharia de Segurança do Trabalho e Gestor em Emergência. Experiência de mais de 18 anos na área de segurança, com destaque para os segmentos de fertilizantes, têxtil, logística, química e petroquímica.*

PLANEJE ANTES DE EXECUTAR

Por que o planejamento é fundamental na produtividade e na prevenção de acidentes?

Sabemos que o planejamento das atividades possibilita perceber a realidade, avaliar os riscos, construir um referencial teórico, adequar os tramites e reavaliar os recursos sob o prisma racional da ação, para evitar acidentes, assim podemos concluir que planejar é trazer o que viria no futuro para o agora, preparando o futuro desde já. É reconhecer a máxima socrática do "conhece-te a ti mesmo", e olhar de cima para avaliar os riscos que cada caminho oferece planejando ações versáteis.

É notório que o planejamento e a organização das atividades do trabalho em equipe facilitam a execução das tarefas, reduzem os desvios e aumentam a produtividade, mas para tanto o conhecimento prático-teórico se faz necessário, assim como o conhecimento dos gaps (lacunas), das atividades a serem executadas; um esboço das especificidades; o estado atual da empresa, os recursos necessários; áreas adjacentes impactadas; prazos e meios para executar as tarefas.

Contudo, não são as palavras que definem o planejamento, mas sim os comportamentos, pois estes revelam as prioridades.

Doravante os resultados das tarefas planejadas dependem da dedicação, visto que definir procedimento apenas não basta, já que se faz necessário priorizá-lo.

A figura 53 ilustra uma

Figura 53 – Planejamento operacional

equipe simbólica realizando o planejamento operacional antes de inicial as atividades de campo.

Neste ponto, os equívocos do planejamento das atividades críticas ocorrem no momento que se define apenas o resultado final desejado, desconhecendo os meios para finalizá-los com segurança, não provisionando os percalços circunstanciais que podem ocorrer. Logo, a análise prognóstica dos aspectos de segurança envolvidos em cada tarefa descreve as ações intrínsecas do planejamento. Questionamentos imprescindíveis devem ser avaliados: quais são os perigos e/ou riscos? Quais são as causas? Quais são as formas de detecção? Quais são as salvaguardas? Quais são os efeitos para a equipe e para o meio ambiente? Quais são recursos necessários e quais deverão ser os profissionais envolvidos?

Assim sendo, concluímos que o planejamento deverá preceder a execução das tarefas diárias nos locais de trabalho, objetivado melhorar questões sobre produtividade, qualidade e prevenção de acidentes.

Cristiane Maria Lago dos Santos

Bacharel em Administração de empresa – Faculdade Metropolitana de Camaçari.

Pós Graduada - Lato Sensu em MBA em Qualidade, Segurança Meio ambiente e Saúde – UniRedentor Centro Universitário.

Pós Graduando – Lato Sensu Especialização em Engenharia de Inspeção e Manutenção na Indústria do Petróleo – Universidade Católica de Petrópolis. Atualmente é Analista de Qualidade na DAX OIL Refino SA. Primeira Refinaria de Petróleo privada da Bahia. Consultoria em Qualidade, Segurança Meio ambiente e Saúde.

PREVINA CONTAMINAÇÕES DO MEIO AMBIENTE

Áreas contaminadas podem configurar um sério risco a saúde dos colaboradores, um grande prejuízo financeiro e ações penais à empresa responsável, além do possível impacto a saúde pública e ao meio ambiente, através da contaminação do solo, subsolo e de águas subterrâneas, que são bens públicos. Então, como podemos prevenir contaminações do meio ambiente? E quais são os objetivos para a prevenção de tais contaminações?

Conforme exigências da Licença de Operação, a empresa, provavelmente, deverá elaborar um "Plano de Gerenciamento Ambiental", em sintonia com o "Plano de Atendimento à Emergência". A instituição também precisará realizar o acompanhamento dos equipamentos envolvidos, inclusive de "kits" de mitigação, que possam ser usados a qualquer momento para a contenção de todo vazamento que venha a ocorrer.

Neste sentido, os objetivos para a prevenção de contaminações são: proteger o meio ambiente; evitar passivos ambientais e cumprir as determinações da legislação ambiental. No entanto, é durante a execução de nossas atividades que temos a responsabilidade de evitar derramamentos e vazamentos de resíduos tóxicos no solo ou na água. Então, para a execução de atividades com risco de contaminação do meio ambiente, é preciso que tenhamos alguns cuidados, como: inspecionar regularmente mangueiras, tubos e conexões; confirmar a capacidade disponível de tonéis, tanques ou outros recipientes, que vão receber produtos químicos; estar atento ao nível de fluido durante a operação de transferência; ter sempre alguém responsável pela área.

Os problemas ocasionados pelos vazamentos de produtos químicos são graves e trazem sérios prejuízos para as pessoas, para a empresa envolvida e, principalmente, para o meio ambiente, conforme ilustração da figura 54. Assim sendo, a melhor forma de não ter que lidar com esse tipo de situação é através da prevenção.

É importante atendermos todas às condicionantes da licença de operação e devemos a todo o momento prevenir a contaminação do meio ambiente. Portanto, este deverá ser o compromisso de todos os líderes e funcionários da empresa.

Antonio Carlos do Nascimento - *Técnico de segurança do trabalho. Gestor Ambiental e Historiador. É também Instrutor de NR-11 e NR-18, Auditor interno da ISO 14001 e possui experiência em liderança e gestão na indústria de transformação do plástico e metalúrgico.*

____

____

____

____

____

____

____

PROBLEMAS DE COMUNICAÇÃO

A comunicação é de extrema importância para o bom desenvolvimento das empresas, pois para gerenciar uma equipe ou grupo de pessoas é preciso que a comunicação seja clara e eficaz. No entanto, às vezes, o fluxo de informações entra em uma fase de interrupção e neste caso, ocorrem problemas na comunicação.

Conforme consta no dicionário Aurélio, a comunicação é a capacidade de trocar ou discutir ideias e dialogar, visando um bom entendimento sobre um determinado assunto. No ambiente industrial, a comunicação escrita é imprescindível para evitar erros, os quais podem ocasionar perdas. Assim sendo, é fundamental que exista uma estratégia que possa garantir a segurança das informações e que o acesso seja de todos.

Mesmo que surjam possíveis falhas na comunicação, estas devem ser detectadas e corrigidas o mais rápido possível pela liderança e gestão da empresa, já que o pilar de sustentação de aspectos ligados a excelência operacional é justamente a comunicação assertiva. Neste ponto, a comunicação interna possui impacto direto na motivação e no direcionamento dos funcionários quanto ao desempenho das atividades do dia a dia.

Portanto, o processo de digitalização nas empresas é essencial para assegurar a confiabilidade das mensagens a serem transmitidas, pois a falta de comunicação pode resultar em consequências negativas no contexto geral, uma vez que a ineficiência na comunicação pode trazer muitos problemas para a organização, em razão de ser o meio em que todos os processos estão interligados. Em contrapartida, quanto mais eficaz e otimizada a comunicação for, melhor será a integração entre os níveis hierárquicos da empresa, seja ela vertical ou horizontal.

Sabemos que o processo de comunicação na área de Qualidade, Saúde, Segurança e Meio Ambiente – QSSMA possui relevância para o desenvolvimento e crescimento das organizações, posto que ela possibilita a interface dos líderes e seus liderados para com a diretoria, com objetivo de prevenir acidentes e grandes perdas. Os métodos e/ou ferramentas, utilizados para auxiliar o bom entendimento de seus empregados, são feitos através de treinamentos específicos, com profissionais legalmente habilitados.

Entende-se, portanto, que a boa comunicação contribui positivamente para que as instituições sejam transparentes com os seus colaboradores e a sociedade. Sendo assim, é importante estar atento aos problemas relacionados com a comunicação no ambiente de trabalho.

Gildásio Paranhos Vasques Neto *- Pós-graduado em Engenharia de Segurança do Trabalho – FACIBA; Especialista em projeto de prevenção e combate à incêndio – PROFIRE; Bacharel em Engenharia de Produção – UFBA; Auditor interno de sistema de gestão integrado – UNIFACS. Green Belt / Black Belt - RL& Associados. Cursando Administração – Universidade Estácio de Sá. Bacharel no curso Interdisciplinar em ciência e tecnologia – UFBA; Metrologista - SENAI CIMATEC; e Membro do Projeto Social Aulão Solidário.*

QUEM É O SEU MENTOR?

Diante dos desafios profissionais do dia a dia, você já precisou do direcionamento de alguém mais experiente em sua área de atuação? Na empresa quem é o seu mentor?

A mentoria no local de trabalho funciona como uma via de mão dupla, pois beneficia o mentor e o aprendiz. Nesse contexto, sabemos que ninguém possui todas as respostas, até porque uma empresa é formada por setores diferentes, que se complementam, e cada departamento requer uma especialidade diferente. Então, sempre haverá momentos em que precisaremos da ajuda de outra pessoa. Logo, é importante sentir-se à vontade para pedir ajuda e se manter à disposição para orientar outras pessoas, quando precisarem de seu apoio, principalmente, em assuntos ligados à prevenção de acidentes.

Assim, podemos entender que um mentor é alguém confiável com o perfil de professor e/ou conselheiro. Na empresa, um mentor, muitas vezes, será a pessoa com quem você pode buscar orientação ou conhecimento, porque mentores são pessoas que têm muita experiência em uma determinada área e estão dispostas a ajudar seus colegas de trabalho mais jovens ou menos experientes. Muitas empresas entendem a importância que um mentor pode ter para um novo funcionário contratado e, na verdade, têm um programa estabelecido para garantir que os novos colaboradores contratados tenham um mentor no trabalho.

Existem muitos benefícios em se ter um mentor no ambiente de trabalho. Teremos menos incidentes, pois quando um funcionário com pouca experiência recebe treinamento, orientações práticas e acompanhamento há poucas chances de ocorrer acidentes; obteremos mais eficiência, porque a produção aumenta quando um novo funcionário entende como executar adequadamente suas tarefas. Profissionais mais experientes aprenderam muito ao longo

Figura 55 – Gestor realizando mentoria

dos anos, o que pode ser útil para novos funcionários, já que quando todos se ajudam o local de trabalho fica mais leve, agradável e seguro.

Rafael dos Santos Rebouças *- Técnico de Planejamento na empresa Ramos Reis Engenharia Ltda. Graduando em Engenharia elétrica e automação pela UNIFTC – Jequié-Ba*

REGRAS DE OURO

O que são as regras de ouro? Qual é o principal objetivo das regras de ouro? Estas são duas das perguntas que responderemos em nosso MOMENTO DE SEGURANÇA.

As regras de ouro são premissas básicas, exigências inegociáveis em assuntos específicos de segurança do trabalho, saúde ocupacional e socioambiental, que devem ser obedecidas a todo o momento e aplicam-se a todos os funcionários, líderes, ges-

Figura 56 – Gestor explicando as regras de ouro

tores, contratados, fornecedores e visitantes. É condição necessária para atuar na companhia, visando a não ocorrência de comportamentos inseguros, que resultam em violações de procedimentos e consequentes incidentes com ou sem lesão, desde ocorrências leves até gravíssimas. Elas não substituem os demais normativos e requisitos de saúde, segurança e socioambiental, mas, junto com eles, são "escudos de proteção" das nossas vidas. Devem ser divulgadas por todos os meios viáveis e relembradas constantemente, a fim de que se internalizar no modo de agir e pensar das pessoas.

Toda empresa, que incorpora as regras de ouro a sua política socioambiental, de segurança e saúde no trabalho, acredita que o atendimento de tais exigências é fundamental no que se refere à prevenção de acidentes de trabalho. É necessário entender que deixar de cumprir as regras de ouro pode nos custar a vida. As regras de ouro são inegociáveis, invioláveis e têm como objetivo principal reforçar comportamentos e procedimentos de meio ambiente, segurança e saúde no trabalho. É essencial que líderes e gestores sejam exemplos em seguir as regras de ouro da organização e motivem seus liderados, para que ajam de forma segura e saudável. Descumprir uma regra de ouro, como por exemplo, passar por baixo de carga suspensa ou trabalhar em altura sem o devido treinamento e autorização pode ser considerado uma falta grave, porque alguém colocou a sua vida ou a vida de seus colegas de trabalho em risco.

Cada empresa, conforme o seu ramo de atividade, localização, dinâmica de seus processos, últimos acidentes e outras variáveis, passa a elaborar regras de ouro mais apropriadas a sua realidade e aos objetivos almejados.

No geral, as regras abrangem temas como trabalho em altura, veículos e equipamentos, movimentação de cargas, álcool e drogas, espaço confinado, disciplina operacional, controle de energias perigosas, cultura de intervenção, bem como saúde ocupacional e socioambiental.

Este MOMENTO DE SEGURANÇA serviu para relembrarmos das regras de ouro. Tais regras são inegociáveis, incorruptíveis, invioláveis e devem ser seguidas por todos na empresa.

__José Marcos de Lima__ - Possui mais de 18 anos de experiência em indústria química, petroquímica, metalúrgica, siderúrgica e automação na área de QSSMA. Atualmente, é Técnico em segurança do trabalho, líder no controle de emergências numa empresa de grande porte, que atua na fundição e no refino de cobre primário e na produção de semimanufaturados de cobre e suas ligas. É ainda graduando em Direito pela UNIME, cursou Gestão Ambiental na UNIFACS.

RELATE OS QUASE ACIDENTES

O tão sonhado zero acidentes é uma meta que todas as empresas almejam conseguir, porém para atingir esse nível ou chegar próximo desse resultado, é necessário se implantar na organização uma cultura de segurança com constante monitoramento das ações dos colaboradores, com o cumprimento das normas e procedimentos e os relatos dos quase acidentes.

Então, o "quase acidente" é uma ocorrência imprevista que não resultou em ferimentos, doença ou dano, mas tinha o potencial para fazê-lo. Como o acidente não ocorreu, muitas vezes, o quase acidente, ou incidente como também é conhecido, não é relatado. É importante salientar que relatar os quase acidentes é uma ação prevencionista, que deve ser analisada e avaliada corretamente, pois os fatores que resultaram destes eventos podem voltar a se repetir e ai sim ocasionar um grave acidente.

Essa conscientização tem que existir em toda a organização para que as ações de correção possam ser tomadas prontamente. E que fique evidenciado que os relatos dos quase acidentes melhoram a segurança do local de trabalho, trazem eficiência e bem-estar geral para a organização e seus colaboradores. Essas ações ajudam a conscientizar os funcionários pelos quais são responsáveis por zelar pela sua integridade física e a de seus colegas, cabendo ao empregado comunicar qualquer ocorrência de quase acidente.

Tais relatos devem ser reportados aos profissionais de SST, seus líderes e gestores. Esses relatos podem descrever a ocorrência ou risco de um funcionamento anormal de uma máquina ou equipamento, um ato inseguro de um funcionário, a falta de um equipamento de segurança e até uma sugestão de melhoria em um processo. Logo, os resultados e as lições aprendidas devem ser comunicados para todos os funcionários, visando à redução de riscos ocupacionais e a melhoria no sistema de segurança e saúde no trabalho.

Figura 57 – Relato de quase acidente

Entretanto, existem muitos motivos pelas quais você deve relatar qualquer tipo de lesão, independentemente da gravidade. A razão mais importante é garantir que o risco seja neutralizado ou eliminado, evitando que o fato ocorra novamente com você, ou com outros funcionários no local de trabalho.

Verificamos, neste MOMENTO DE SEGURANÇA, a necessidade de relatarmos todos os quase acidentes para neutralizar ou eliminar os riscos e aprendemos também lições valiosas com o evento. Afinal, ninguém nunca sabe quando algo de menor natureza se transformará em algo mais sério.

Paulo Honorato M. Conceição - *Técnico em segurança do trabalho; Bombeiro profissional civil; Alpinista industrial com certificação Irata N1; profissional de segurança do trabalho com experiência de mais de 10 anos na área industrial, especialista em resgate técnico vertical e proteção respiratória, responsável por liderar e coordenar equipes de trabalho em espaço confinado e trabalho em altura. Possui conhecimento em inspeção de ambientes e em equipamentos de combate a incêndio, no monitoramento de agentes ocupacionais e trabalhos com treinamentos e campanhas educativas para promover o bem estar do colaborador.*

SAÚDE E QUALIDADE DE VIDA

Você sabe qual é o conceito de saúde e qualidade de vida? Você conhece o conceito de qualidade de vida no local de trabalho? E por que tal entendimento é tão importante? Responderemos tais questionamentos no MOMENTO DE SEGURANÇA de hoje.

Vamos começar nossa explicação pelo conceito de saúde. A Organização Mundial da Saúde (OMS), em 1946, definiu saúde como um estado de completo bem-estar físico, mental e social, e não apenas como a ausência de doença ou enfermidade. Já sobre o conceito de qualidade de vida, a OMS definiu como: "a percepção do indivíduo de sua inserção na vida, no contexto da cultura e sistemas de valores nos quais ele vive e em relação aos seus objetivos, expectativas, padrões e preocupações".

Desta forma, podemos entender que qualidade de vida no local de trabalho, também conhecido como QVT, é um índice de satisfação do colaborador no ambiente profissional, medido a partir dos níveis de saúde e bem-estar, ambiente físico, interação social, crescimento pessoal e profissional, entre outros.

Assim, ao se promover melhorias nos relacionamentos interpessoais e na comunicação interna da empresa, faz com que as equipes consigam conversar de forma mais clara e objetiva, reduzindo acidentes de trabalho e doenças, como o estresse, além de aumentar a produtividade e a qualidade dos serviços prestados. No entanto, como ter uma boa qualidade de vida no trabalho? Abaixo propomos oito sugestões para alcançar este objetivo.

1. Tenha responsabilidade.

2. Saiba trabalhar em equipe.

3. Fique longe de fofocas e intrigas.

4. Mantenha o foco na execução de suas tarefas.

5. Cultive bons relacionamentos.

6. Seja gentil e amigável.

7. Seja profissional.

8. Tenha qualidade de vida fora do trabalho.

Figura 58 – Médico do trabalho e sua equipe

As empresas que investem em seu bem mais precioso, seus colaboradores, estão consolidando seus alicerces e, conforme ilustração da figura 58, um Médico do trabalho poderá ajudar neste sentido, promovendo a saúde física e mental, por meio de treinamentos, palestras motivacionais, adequações dos ambientes de trabalho e valorização dos funcionários, assim os colaboradores alcançarão seus objetivos estratégicos à curto, médio e longo prazo com maior facilidade.

Vito Rangel de Luca *– Médico do trabalho, graduado pela Universidade Federal Fluminense em 1994 e Pós graduado pela UFF em 1998.*

SIMULADOS DE EMERGÊNCIA

Neste MOMENTO DE SEGURANÇA vamos abordar o tema: simulados de emergência. Isto quer dizer que veremos a sua definição, sua importância e algumas dicas valiosas para prevenção de acidentes.

Sabemos que uma pequena falha no sistema de segurança de uma empresa pode acarretar um grande acidente. Então, objetivando evitar tal situação, deve-se planejar e realizar periodicamente os simulados de emergência. Desta forma, podemos afirmar de maneira objetiva que uma simulação de emergência consiste em um treinamento que simula, da forma mais realista possível, uma situação de risco na empresa, fazendo com que todos os funcionários acompanhem os mesmos passos, os quais devem ser seguidos em um caso real de emergência.

Neste sentido, os exercícios simulados são necessários para desenvolver habilidades, preencher lacunas no plano de atendimento a emergências e aprimorar estratégias, objetivando proteger as pessoas e reduzir prejuízos em eventuais acidentes. Assim sendo, todos os funcionários e prestadores de serviços da empresa devem participar dos exercícios simulados, de modo, que em caso de um cenário real, os envolvidos não terão dúvidas, pois saberão para onde ir e como agir. É importante ressaltar que o objetivo principal dos simulados de emergência é resguardar o bem mais precioso de cada indivíduo: a vida. Neste ponto a equipe da Brigada de emergência desempenha um papel importante, já que estão sempre de prontidão, conforme ilustra a figura 59.

Após a realização do exercício simulado, os membros da brigada de emergência, os profissionais de SST e demais responsáveis devem se reunir para avaliar sua eficácia e debater os pontos que precisam ser melhorados.

Figura 59 – Equipe da Brigada de Emergência

Podemos concluir então neste MOMENTO DE SEGURANÇA que, além de realizar os simulados de emergência, a empresa deverá criar meios para manter os equipamentos de segurança funcionando e com fácil acesso, como extintores, rede de hidrantes, detectores e alarmes de incêndio, iluminação de emergência, sinalizações, entre outros.

__Daniel Santos__ – Coordenador de SSMA na Piacentini do Brasil.
A Piacentini é um grupo global que já realizou obras na Europa (participou ativamente do projeto MOSE para evitar a maré alta em Veneza, no Porto de Mirabello, Canal de Piombone, Porto de Napoli e outros), na Indonésia (Projeto Karimun Yard), Israel (Porto de Haifa), Costa Rica (vários portos) e em muitos outros países como Albânia, Israel, Marrocos, Suíça, EUA, Brasil e Namíbia.

TRANSPALETEIRA ELÉTRICA

Quando é realmente necessário adquirir uma transpaleteira elétrica? E quais são os principais cuidados que se deve ter para operar este equipamento?

Toda empresa realiza estudos de viabilidade econômica e melhoria de processos. Em operações que requeiram maior segurança e agilidade na movimentação de cargas pode-se adquirir uma transpaleteira elétrica adequada as necessidades do dia a dia. Entretanto, no contexto operacional apesar de serem menores que as empilhadeiras, também requerem cuidados especiais durante a operação. Nesse ponto, é importante destacar que alguns funcionários negligenciam a própria segurança ao usar as transpaleteiras sem a devida precaução, talvez por acharem que é uma atividade fácil e inofensiva, mas tal negligencia pode resultar em acidentes graves ou fatais. Assim, operar uma transpaleteira elétrica sem a devida autorização da empresa constitui uma falta grave, sujeita a sansões disciplinares.

Cabe destacar que o mais importante deve ser posto em prática antes mesmo da transpaleteira elétrica ser ligada. Isso significa dizer que, vencendo as etapas iniciais quanto aos treinamentos e documentações, o equipamento só deve entrar em operação depois que o operador fizer uma checagem visual do estado geral de segurança, através do check list diário (folha de verificação). Logo, é fundamental verificar, por exemplo, se as rodas do equipamento estão em bom estado de conservação, se há vazamentos de óleo ou rachaduras nas soldas das patolas ou na alavanca de comando, verificar ainda a situação dos dispositivos de segurança, do sistema de freios e do mecanismo de direção. Nesta inspeção inicial, qualquer anormalidade deverá ser reportada ao profissional de SST, aos gestores ou à equipe de manutenção. Caso a comunicação não ocorra, há dois riscos envolvidos. O principal é o risco de acidentes, pois a carga pode tombar e cair, machucando quem estiver por perto. Pode-se destacar também os prejuízos materiais causados pela perda da carga ou pela necessidade de se fazer uma manutenção não programada.

Então, por questões de segurança lembre-se também que durante o uso da transpaleteira elétrica as cargas devem estar apoiadas nas duas patolas e estas devem estar em cima de paletes que, por sua vez, devem estar perfeitamente equilibrados. Paletes com aparência de frágeis ou danificados não devem ser utilizados e jamais se deve exceder o limite de peso da transpaleteira, esse limite encontra-se visível em uma placa de identificação no próprio equipamento. Se, por acaso, o operador não tiver certeza do peso da carga, por questões de segurança, não deverá transportar a carga. A figura 60 ilustra uma atividade sendo realizada com a utilização da transpaleteira elétrica.

Figura 60 – Atividades com utilização da transpaleteira elétrica

Por fim, os operadores necessitam de treinamentos, nunca devem transportar pessoas no equipamento e devem ter atenção redobrada durante a operação, lembrando que a velocidade de movimentação deve ser similar à de uma caminhada normal.

***Rosineide de Santana Pereira** – Possui experiência profissional de mais de 12 anos, como Técnica em segurança do trabalho. Atualmente, faz parte da equipe de uma grande empresa do seguimento logístico.*

ZERO ACIDENTE NO LOCAL DE TRABALHO

No ambiente de trabalho, algumas vezes, nos deparamos com situações que podem facilmente colocar em risco a nossa integridade física ou a integridade de um colega. Sabemos que muitos acidentes de trabalho ocorrem diariamente, pois os dados oficiais são assustadores. Contudo, conquistar o zero acidente é realmente possível?

Podemos supor que a maioria dos acidentes de trabalho ocorre por decisões inseguras, seguidas de ações inseguras e entre outros fatores. É importante ressaltar que se a maioria dos membros de uma equipe acredita que existe a possibilidade de manter o zero acidente e atua com base nessa crença, é realmente possível passar longos períodos sem lesões no ambiente de trabalho.

Entretanto, no nível gerencial e operacional, muitos funcionários acreditam que o zero acidente é algo impossível ou apenas um sonho, algo utópico. Presumem que não é viável, possível e rentável conquistar o zero acidente. Por causa desta percepção e crença, muitos ficam desanimados com a quantidade de esforços necessários para obter o zero acidente e literalmente baixam a guarda. Então, se todas as pessoas da empresa não acreditam que um ano com zero acidente é possível, provavelmente, não o será, em virtude de, nossas ações serem, na maioria das vezes, um reflexo de nossos pensamentos, percepções e crenças.

Isso pode acontecer porque, se acreditarmos que a segurança é apenas uma perda de tempo e dinheiro, será impossível que todos evitem acidentes durante a execução de suas tarefas. Logo, é necessário mudar essa mentalidade para estar aberto à ideia de que, pelo menos, é possível alcançar o zero acidente, apesar de quão difícil possa ser.

Líderes e gestores devem tomar a dianteira em defender o zero acidente, a figura 61 mostra o líder explicando a sua equipe a importância de trabalhar com segurança.

Desta forma, por mais difícil que possa parecer, devemos acreditar na possibilidade de conquistarmos o zero acidente, pois o zero acidente é alcançável, viável e rentável para empresas de qualquer seguimento industrial. Não podemos esquecer que o zero acidente é responsabilidade de todos e a liderança deverá demonstrar a todo instante, o envolvimento e comprometimento com assuntos ligados a segurança e saúde no trabalho.

Bruno Reis - CEO na Ramos Reis Engenharia Ltda. - *Engenheiro mecânico com vasta experiência no seguimento de manutenção industrial, montagem de estruturas metálicas, instalação e manutenção elétrica, obras de montagem industrial e serviços de engenharia de grandes empresas de vários seguimentos industriais.*

____

____

____

____

4

OBJETIVOS DE APRENDIZAGEM

Após a leitura da quarta parte deste livro, você será capaz de responder aos seguintes questionamentos:

1. Com foco em estratégias, quais ferramentas de gerenciamento você poderá utilizar antes e durante a implantação do projeto MOMENTOS DE SEGURANÇA?

2. Com foco em qualidade, quais ferramentas de gerenciamento você poderá utilizar antes e durante a implantação do projeto MOMENTOS DE SEGURANÇA?

3. Com foco em recursos humanos, qual ferramenta de gerenciamento você poderá utilizar antes e durante a implantação do projeto MOMENTOS DE SE-GURANÇA?

4. Com foco em comunicação, qual ferramenta de gerenciamento você poderá utilizar antes e durante a implantação do projeto MOMENTOS DE SEGURANÇA?

5. Com foco em gerenciamento de crises, qual ferramenta você poderá utilizar antes e durante a implantação do projeto MOMENTOS DE SEGURANÇA?

6. Com foco em gerenciamento de riscos, qual ferramenta você poderá utilizar durante a implantação do projeto MOMENTOS DE SEGURANÇA?

9 – FERRAMENTAS DE GERENCIAMENTO

"Os planos bem elaborados levam à fartura;
mas o apressado sempre acaba na miséria".
Provérbios, 21: 5

Objetivando contribuir com os profissionais de SST, líderes e gestores sobre o gerenciamento de projetos, abordaremos algumas ferramentas de gerenciamento nesta parte do livro. Então, você poderá se beneficiar destas ferramentas ampliando o estudo e aplicação prática das mesmas, no que diz respeito ao SAFETY MOMENT e outros projetos de sua área de atuação. Agora, é relevante entender que a conquista de excelentes resultados requer, sobretudo, atenção redobrada em questões sobre o planejamento e a definição clara de estratégias inteligentes, antes da etapa executiva do projeto. Logo, existe uma grande diferença entre um planejador e um executor de tarefas, visto que enquanto quem trabalha na linha de frente (mão de obra direta) executa mecanicamente o que entendeu, já o planejador, por ter desenvolvido a habilidade de pensar estrategicamente, sabe analisar oportunidades e resolver diversos tipos de problemas. O planejador consegue também gerenciar e controlar os mais variados tipos de recursos, agregando maior valor aos negócios nos quais atua. Assim, antes de começar a planejar algum projeto específico utilizando as ferramentas descritas neste livro, faz--se necessário que se avaliem as variáveis: tamanho do projeto, orçamento previsto, prazo, recursos disponíveis, requisitos de segurança e saúde no trabalho, qualidade esperada, interferências ambientais, dentre muitas outras variáveis. Uma vez que, somente após o reconhecimento e analise de tais variáveis, você estará apto para iniciar a tomada de decisão ou direcionar tal demanda e definir as melhores práticas de execução. Vale ressaltar ainda que um projeto deverá ter datas definidas de início, meio e fim, e que o sucesso será proveniente de fatores que devem ser bem conhecidos, pois, somente neste sentido, será possível definir ações consistentes, que corrijam os fatores negativos e maximizem os positivos. Desta forma, podemos mencionar alguns fatores capazes de resultar no sucesso de um projeto, são eles: suporte da Alta Administração, liderança de alto nível, profissionais competentes, envolvimento, comprometimento da equipe, expectativas claras e realistas, disponibilidade de recursos, cumprimento de requisitos legais, procedimentos internos, comunicação assertiva, entre outros.

Portanto, as ferramentas de gerenciamentos; contidas neste livro, são técnicas de gestão que facilitam o controle e a melhoria de processos, prevendo e eliminando possíveis falhas, trazendo maior clareza em cada etapa do projeto, conforme os objetivos e metas estabelecidos no projeto. Por conseguinte, o uso dessas ferramentas objetiva também tornar os produtos e os serviços mais confiáveis, para que possam ser entregues em um prazo reduzido, no menor custo possível, com o maior padrão de qualidade, levando em conta questões ambientais e os requisitos de segurança e saúde no trabalho. Neste sentido, conforme mencionado no início do texto não podemos esquecer-nos do planejamento e da definição de estratégias.

9.1 – DEFININDO ESTRATÉGIAS

"Para cada esforço disciplinado há múltiplas recompensas".
Jim Rohn

Certa ocasião, um colega da faculdade entrou em contato para agradecer as dicas que havia recebido referente a um processo de seleção e recrutamento, já que ele foi efetivado para trabalhar em uma grande empresa. Nas primeiras semanas de trabalho, recebeu da Alta Administração a incumbência de gerenciar uma área específica da companhia e liderar uma equipe de profissionais antigos de casa. Meu amigo muito preocupado com o desafio recebido, disse-me ao telefone: "Veja bem, eu entendi o contexto geral, sei que é necessário melhorar os KPI´s (indicadores de sucesso), mas não sei por onde começar e nem qual estratégia utilizar". De modo que, minha sugestão imediata foi: reúna a equipe e comece com o brainstorming.

BRAINSTORMING ou tempestade de ideias, no Brasil é também conhecido como "Toró de palpites". No ambiente profissional, entendemos que o brainstorming é uma ferramenta com foco em estratégias concebidas para explorar a parte criativa de uma pessoa ou de uma equipe multidisciplinar, objetivando encontrar soluções para determinados problemas Logo, podemos também afirmar que o brainstorming é uma técnica criativa, utilizada para descobrir ideias inovadoras, propostas, visões, possibilidades e oportunidades.

Figura 62 – Equipe realizando um brainstorming

Ressaltamos ainda que o brainstorming (1942, How To Think Up) é de autoria de Alex Faickney Osborn (Bronx, Nova Iorque, 24 de maio de 1888 — 4 de maio de 1966), que foi um importante publicitário dos Estados Unidos.

Então, você poderá usar o brainstorming para:

1) Encontrar soluções de problemas, levantamento de hipóteses e análises, avaliações e buscas por soluções alternativas.

2) Gerar novas ideais, para o projeto de novos produtos, ou para a melhoria de um já existente, e inovação na realização de serviços.

3) Na área de publicidade, para elaborar campanhas inovadoras.

4) Na gestão de processos, visando identificar novas formas de melhorar os processos existentes numa organização e deixá-los mais sucintos e seguros.

5) Formação de equipes para a execução de projetos relevantes, tais como: mitigação de riscos, identificação de responsabilidades e melhoria na alocação dos recursos.

O motivo mais justificável para realizar uma reunião de brainstorming é aumentar o volume de ideias, já que, ao distribuir um problema para 6 ou 10 pessoas, em teoria, você poderá obter uma variedade maior de ideias diferentes de forma mais rápida.

A figura 62 ilustra uma sessão de brainstorming.

PRINCÍPIOS E REGRAS

Retardo de qualquer crítica ou julgamento. Segundo Alex Faickney Osbórn (1942, How To Think Up), o ser humano possui capacidade para criticar, julgar e manifestar a sua criatividade, entretanto somente quando praticamos o retardo de críticas e o atraso de qualquer tipo de juízo de valor, permitimo-nos usar a nossa mente criativa para gerar ideias. Assim, durante uma sessão de brainstorming não se deve julgar nenhum conceito ou sugestão.

Criatividade em quantidade e qualidade. Sabemos que em uma reunião de brainstorming, quanto mais ideias forem sugeridas, maior será a probabilidade de encontrarmos a solução para determinado problema, porque uma ideia pode facilmente levar a outra e assim sucessivamente..., e até mesmo ideias ruins podem levar a boas ideias.

Rejeitar as críticas negativas. Esta é provavelmente a regra mais importante, logo a falha do grupo em seguir este princípio é o que leva a maior parte das sessões de brainstorming a não funcionar como deveria. Pois, se um participante recebe uma crítica negativa durante o processo, dificilmente vai expor suas ideias novamente.

COMPOSIÇÃO DO GRUPO

Basicamente, um grupo de brainstorming é constituído por três elementos:

Um líder; que deve conduzir a reunião guiando as conversas do grupo para direções específicas. Este líder deverá ter facilidade em manter-se relaxado e criar uma atmosfera descontraída para os participantes, mas não deve perder o foco da sessão. O líder necessita também ter boas habilidades de escuta, visão sistêmica, consciência grupal e a capacidade de ajudar as pessoas a expressarem suas ideias.

Um (a) secretário (a); o grupo deve ter uma pessoa responsável por tomar nota de várias ideias, que surgirem durante a reunião. O/a secretário/a deverá ter facilidade em escrever com agilidade e precisão. Este poderá também gravar a reunião para rever tópicos importantes e concluir anotações.

Os membros; destacamos que o líder deverá escolher pessoas com experiência e que conheçam a área ou assunto a ser trabalhado na reunião. Sempre que possível, deve-se selecionar pessoas que estejam no mesmo patamar da hierarquia na empresa, visto que alguns profissionais não conseguem manifestar a sua criatividade e participar de forma espontânea na presença de seus líderes e gestores. Caso não seja possível que os participantes estejam no mesmo patamar de hierarquia, o facilitador deverá ter atenção, para que os membros do grupo não sejam influenciados ou sintam-se preocupados em contestar as ideias de um superior hierárquico. Assim, todos os participantes devem sentir-se livres para expor suas ideias e sugestões.

PREPARE O AMBIENTE

Antes de iniciar uma sessão de brainstorming, prepare o ambiente. Não se esqueça do café, lanches e cadeiras confortáveis, para ajudar as pessoas da sua equipe a serem divertidas e criativas. Depois, comunique o objetivo principal da sessão, explique rapidamente os princípios e as regras e peça para todos os participantes desligarem o celular ou usar o modo silencioso. Você deve também preocupar-se em eliminar possíveis distrações de membros do grupo durante a sessão de brainstorming. Geralmente, cada encontro possui uma duração de 50 (cinquenta) minutos, mas não se esqueça de começar realizando um MOMENTO DE SEGURANÇA.

Certifique-se ainda se existem quadros brancos ou cavaletes com folhas ou até mesmo algum recurso digital para escrever.

DINÂMICAS PARA DESCONTRAIR

Você pode usar algumas dinâmicas para descontrair os participantes e acelerar o processo criativo para gerar ideias, conforme os exemplos a seguir.

Dinâmica do mudar: qualquer participante, em qualquer momento, pode gritar "mudar" e todos na sala precisam se levantar de onde estão sentados e passar para a cadeira à sua esquerda. Mover-se fisicamente pode ajudar as pessoas a se movimentarem mentalmente, além de ser descontraído. Recomenda-se que o líder diga em voz altar "mudar", quando perceber que a dinâmica necessita de mais energia e dinamismo.

Dinâmica do girar 360º: segue o mesmo princípio da dinâmica do mudar, mas, agora antes de sentar na cadeira a sua esquerda, a pessoa necessita girar (dar uma volta) em torno de si mesma.

Dinâmica do jogo oposto: faça o grupo escrever ou falar em detalhes, o oposto do que você deseja que aconteça. O truque aqui é que antes que as pessoas percebam estarão compartilhando boas ideias. Então, no auge do momento, o líder deverá literalmente efetivar a mudança de marchas para o outro lado dizendo algo como: "Tudo bem, já conseguimos um projeto horrível. Agora, como conseguimos o oposto disso?". Neste momento, ótimas ideias começarão a surgir.

APLICAÇÃO PRÁTICA DO BRAINSTORMING

No dia a dia de trabalho surgem muitas oportunidades para usar a ferramenta brainstorming. Digamos que você tenha recebido a incumbência de gerenciar a área de meio ambiente da empresa em que trabalha. Então, você começa analisando as documentações, leis ambientais ao nível federal, estadual e municipal. Você também deve estudar as licenças, procedimentos internos e realizar algumas anotações. E antes de encerrar o expediente de trabalho, você decide visitar a área operacional para confrontar a parte teórica com a prática. Cuidadosamente, você toma nota de pontos específicos para posterior análise crítica. Pois, ao chegar à baía de resíduos da fábrica, a impressão obtida não foi das melhores. — A baía de resíduos é um local destinado ao armazenamento temporário de refugos e sobras de um processo produtivo, até a reciclagem, recuperação, tratamento ou disposição final. Neste espaço geralmente, encontram-se resíduos perigosos ou não em estado sólido ou líquido, prensas verticais, tambores, diques, bacias de contenção, contêineres, tanques e máquinas para compactação ou trituração —. É preciso que você perceba algumas oportunidades de melhorias, mesmo que não entenda tamanha desorganização, não saiba ao certo por onde começar e decida agendar uma reunião com os membros da sua nova equipe para o dia seguinte no primeiro horário, pois trata-se de uma reunião importante para obtenção de novas ideias, possíveis causas que levaram a baía de resíduos à situação problemática e também para encontrar soluções técnicas, que levem em conta as limitações financeiras de novos projetos e as exigências legais. Logo, objetivando atender tais demandas, a sua melhor estratégia será fazer uso da ferramenta brainstorming.

Assim sendo, após os preparativos iniciais e aplicação do MOMENTO DE SEGURANÇA, você deverá comunicar o objetivo principal do encontro. Você precisará também explicar os princípios e as regras do brainstorming e cuidar da composição do grupo, por conseguinte, peça para os participantes desligarem o aparelho celular e/ou usem o modo silencioso. Nesse exemplo hipotético, vamos imaginar que a reunião começa animada e no decorrer da sessão todos concordam com a necessidade de programar ações de curto, médio e longo prazo. Então, no próximo final de semana, organizou-se uma espécie de força tarefa, objetivando cuidar de aspectos sobre a limpeza, organização, conservação e padronização da baía de resíduos.

As ações de curto prazo foram programadas para o próximo final de semana e inclui reorganização de tambores, melhorias em questões sobre isolamento, sinalização, acondicionamento de resíduos sólidos, desobstrução de calhas, limpeza do piso e posterior aplicação de uma camada de resina impermeável no pavimento interno, destacando que o material utilizado consta no estoque excedente da empresa. A equipe está eufórica com o resultado final previsto na restruturação da baía de resíduos e também se comprometeu em efetivar a ideia de construção de um muro ecológico, utilizando garrafas pet e mudas de flores próprias da região, além de posicionar diversas plantas típicas da vegetação local, contidas em vasos e cântaros adquiridos através de doações. Logo, na segunda-feira todos ficarão supressos com a transformação do local e vários elogios serão direcionados para o trabalho em equipe, mas ainda faltam as ações de médio e longo prazo.

Na sessão de brainstorming, definiu-se que as ações de médio prazo seriam a substituição de contentores de resíduos orgânicos simples, por uma máquina compactadora moderna, reduzindo assim os custos operacionais, agregando também mais valor ao processo; e a obtenção de material para compostagem, que é uma técnica de controle da decomposição de resíduos orgânicos para obtenção o adubo de maior qualidade em um curto período de tempo. Da mesma forma, as ações incluem a contratação de uma empresa especializada para realizar o estudo técnico; e avaliações com emissão de um laudo de estanqueidade das bacias de contenção, objetivando obter um documento que comprove a inexistência de vazamentos ou infiltrações. Em paralelo a este trabalho, todas as caçambas coletoras usadas no setor de usinagem deverão passar por manutenção corretiva e subsequente instalação de um sistema de drenagem do óleo mineral usado no processo, visto que existe a possibilidade de reaproveitamento deste fluído, evitando custos na aquisição de novos tambores. Além disso, tal medida impediria que o óleo gotejasse pelo piso e, posteriormente, saturasse as bacias de contenção localizadas na baía de resíduos.

A equipe também concordou com sugestões de melhorias nos processos referentes a ações de longo prazo, as quais incluem a possibilidade de o setor de compras negociar melhores preços para a venda de sucatas de ferro e limalhas de aço; e a aprovação de aquisição de balança de pesagem para as caçambas que transportam tais resíduos, em virtude da pesagem, atualmente, ser feita em área externa longe da fábrica. Neste ponto, membros da equipe informaram sobre a dificuldade existente em se obter o certificado de calibração das balanças externas, reforçando assim a necessidade de um estudo para viabilidade de compra deste equipamento.

Neste exemplo hipotético, percebemos a importância de usarmos de forma adequada a ferramenta brainstorming, bem como utilizamos também outras ferramentas de gerenciamento, as quais serão reveladas nas próximas páginas deste livro. Agora, é importante destacar que na fase de planejamento e definição de estratégias torna-se imprescindível estudarmos o ambiente interno e externo, uma vez que no ambiente interno estão todas as nossas forças e fraquezas, que podemos controlar. Já o ambiente externo foge ao nosso controle, porém é nele que estão todas as oportunidades e ameaças que podemos encontrar. Desta forma, precisamos responder ao seguinte questionamento: como podemos encontrar as forças, fraquezas, oportunidades e ameaças contidas em um projeto? Logo, a melhor resposta para esta pergunta seria: faça uma análise SWOT.

FERRAMENTA: ANÁLISE SWOT

"Durante as batalhas, cuide de seus pontos fracos e aproveite seus pontos fortes."
Napoleão Bonaparte

Entendemos que a análise SWOT é uma ferramenta de planejamento estratégico utilizada para auxiliar líderes e gestores a identificar quatro elementos dentro de uma análise de cenários ou ambientes, são eles: forças, fraquezas, oportunidades e ameaças. Lembramos que esta técnica de análise é creditada a Albert Humphrey, que foi um importante líder de pesquisa na Universidade de Stanford nas décadas de 1960 e 1970. Sabemos também que o termo SWOT é uma sigla oriunda do idioma inglês e é um acrônimo de Forças (Strengths), Fraquezas (Weaknesses), Oportunidades (Opportunities) e Ameaças (Threats), conforme ilustração da figura 63.

Independentemente do tamanho ou do ramo de atividade, a análise SWOT pode ser feita em qualquer tipo de empresa.

A análise SWOT pode e deve ser feita periodicamente, porque é na análise de cenário que se identificam o ambiente interno e o ambiente externo, que mudam com frequência.

Figura 63 – Significado da palavra SWO

O AMBIENTE INTERNO

Existe um local que abriga todas as forças e fraquezas de uma empresa. Este território na análise SWOT chama-se ambiente interno. Logo, líderes e gestores devem exercer controle sobre as forças e fraquezas da organização, assim que perceberem um ponto forte deverá dar destaque e quando detectar um ponto fraco a empresa deverá agir para evitar problemas futuros.

Forças – Todas as vantagens e superioridade da organização, em relação aos concorrentes, devem ser classificadas na análise SWOT como forças. Então, procure analisar as vantagens que sua empresa possui sobre outras, por exemplo: localização privilegiada; acesso a determinados materiais ou um forte conjunto de processos de fabricação; poder da marca de alguns produtos; certificações; fontes exclusivas de matérias-primas; entre outras. No projeto MOMENTOS DE SEGURANÇA, podemos destacar que empresas, que possuem a certificação ISO 45001, conseguem uma grande vantagem no sistema de gestão em segurança e saúde no trabalho, em relação às empresas concorrentes. O mesmo princípio se aplica com a certificação ISO 9001, no que diz respeito à gestão da qualidade, contudo qualquer aspecto da empresa só será considerado como um ponto forte se trouxer uma vantagem clara e específica. Por exemplo, se todos os seus concorrentes cuidam da saúde e segurança no trabalho, um processo de produção com foco na prevenção de acidentes e doenças ocupacionais não será um ponto forte em seu mercado, mas sim uma necessidade.

Fraquezas – Na análise SWOT, podemos facilmente entender que as fraquezas são o oposto das forças, ou seja, são as desvantagens da empresa em relação aos seus concorrentes, como mão de obra não qualificada, pouca força de marca, alto índice de acidentes de trabalho, maquinário obsoleto, localização desfavorável, processos não padronizados, dificuldade de acesso a fontes de matéria-prima, custos elevados e entre outras fraquezas.

O AMBIENTE EXTERNO

Para localizar as oportunidades e as ameaças da organização, deve-se analisar o ambiente externo, entretanto o ambiente externo está fora do controle de líderes, de gestores e da Alta Administração da empresa. Por exemplo, quando ocorre uma mudança na legislação trabalhista, todas as empresas são afetadas, porém nenhum gestor possui poder de alterar tal mudança, porque está fora de seu controle. Logo, as empresas devem com frequência analisar o ambiente externo, conhecê-lo e monitorá-lo, objetivando aproveitar as oportunidades e eliminar ou minimizar as ameaças.

Oportunidades – No ambiente externo, encontram-se todas as oportunidades ou os aspectos que tenham potencial para fazer a empresa crescer e prosperar. Isso exige da Alta Administração um olhar para o futuro, incluindo aí mudanças nas políticas do governo relacionadas ao seu campo de atuação, mudanças tecnológicas, mudanças nos padrões sociais, perfis populacionais, estilos de vida, disponibilidade de linhas de créditos, necessidades não satisfeitas do consumidor pela concorrência, crescimento do número de clientes, construção de um polo industrial em determinada cidade, entre outras transformações.

Ameaças – A análise SWOT considera como ameaças os aspectos negativos provenientes do ambiente externo que possuem potencial para comprometer a estrutura organizacional da empresa, como problemas na cadeia de suprimentos, pandemias, mudanças nas exigências do mercado, greve de determinada categoria profissional, alterações normativas, mudanças no padrão de consumo, redução do poder de compra dos consumidores, clientes decretando falência e dentre outras.

COMO REALIZAR UMA ANÁLISE SWOT

Inicialmente, elabore uma matriz de análise SWOT, conforme a figura 64.

Figura 64 – Exemplo de matriz SWOT

SWOT	FATORES POSITIVOS	FATORES NEGATIVOS
AMBIENTE INTERNO	FORÇAS	FRAQUEZAS
AMBIENTE EXTERNO	OPORTUNIDADES	AMEAÇAS (RISCOS)

Depois, reúna uma equipe de pessoas, as quais entendam do assunto, e faça um BRAINSTORMING. Então, toda vez que o grupo analisar o ambiente interno e identificar uma força ou uma fraqueza da empresa, deve-se anotar no campo específico da matriz. Da mesma forma, toda vez que a equipe analisar o ambiente externo e identificar uma oportunidade ou uma ameaça, deve-se também fazer as devidas anotações. Assim, na correlação entre o ambiente interno e o ambiente externo, você identificará quatro tipos de situações: alavanca, restrição, defesa e problema.

Acontece que muitos gestores esquecem da relação entre os ambientes ao fazer uma análise SWOT, por isso não deixe de realizar esta etapa, porque aqui literalmente se encontra a cereja do bolo, conforme descrição a seguir.

Na interseção de uma força com uma oportunidade, você obterá uma alavanca. Isto é, uma alavanca ocorre quando uma oportunidade encontra um ponto forte.

Já, no cruzamento de uma oportunidade com uma fraqueza, você obterá uma restrição. Logo, uma restrição ocorre quando uma oportunidade não pode ser aproveitada, devido aos pontos fracos da organização.

Na convergência de uma ameaça com uma força, você identificará uma defesa. Então, uma defesa acontece quando existe uma ameaça, mas a organização possui pontos fortes para amenizá-la ou eliminá-la.

No encontro de uma ameaça com uma fraqueza, você encontrará um problema. Assim, no contexto analisado, um problema só existirá para a empresa quando a ameaça torna a organização vulnerável, em virtude dos seus pontos fracos.

APLICAÇÃO PRÁTICA DA ANÁLISE SWOT

*"Aprenda os fundamentos do jogo e se mantenha fiel a eles.
Soluções tipo band-aid nunca duram ."*
Jack Nicklaus, jogador de golfe.

Digamos que um novo polo industrial será inaugurado na cidade vizinha, por isso você e alguns amigos da faculdade decidem montar uma pequena empresa, voltada para comercialização de EPI´s (equipamentos de proteção individual). Com base nessas informações e com a possibilidade de utilizarem uma sala da faculdade como escritório central, deve-se realizar uma Análise SWOT antes de iniciar as atividades empresariais.

Com o objetivo de entendermos a aplicação prática desta ferramenta, vamos hipoteticamente iniciar a análise SWOT do caso apresentado e posteriormente o leitor deverá concluir tal estudo. Inicialmente superadas as etapas inicias, devemos em grupo realizar a análise do ambiente interno, para identificarmos possíveis forças ou fraquezas e anotar tais observações no campo específico da matriz. De maneira similar, deve-se realizar a análise do ambiente externo para reconhecermos possíveis oportunidades ou ameaças. A figura 65 exemplifica o início desta análise e preenchimento da matriz.

Figura 65 – Exemplo de uso da matriz SWOT

SWOT	FATORES POSITIVOS	FATORES NEGATIVOS
AMBIENTE INTERNO	**FORÇAS** Mentoria de professores da faculdade. Uso da sala da faculdade em local estratégico. Baixo custo de despesas operacionais. Parceria com alunos de outras áreas. Resposta rápida as demandas de mercado, visto que não existe necessidade de aprovação da Alta Direção.	**FRAQUEZAS** Falta de experiência na área de atuação, pouca presença no mercado. Não possuir veículo próprio para prospectar clientes e realizar entregas. Pouco recurso financeiro para investimentos necessários. Problemas com o fluxo de caixa nos estágios iniciais. Conflito de horários com aulas da faculdade.
AMBIENTE EXTERNO	**OPORTUNIDADES** Incentivos fiscais do governo para empresas da região. Captação e fidelização de clientes. Estabelecimento de parceria com uma grande empresa. Crescimento da economia local.	**AMEAÇAS (RISCOS)** Dificuldade geográfica para alugar um de espaço físico. Perda da sala da faculdade nos estágios iniciais. Logística complicada e risco de assaltos. Perda de incentivos fiscais com mudanças governamentais.

A próxima etapa da análise SWOT é verificar a relação entre os ambientes (interno x externo), para reconhecer restrições e problemas, que futuramente poderão se transformar em oportunidades. Assim como, descobriremos também as alavancas e defesas do negócio. Conduto, vamos iniciar o processo de análise contemplando apenas um aspecto da relação mencionada, para que o leitor conclua o estudo prático da ferramenta.

RESTRIÇÃO (OPORTUNIDADE X FRAQUEZA)

Verificamos que o processo de captação e fidelização de clientes possui restrições pela falta de experiência, na área de atuação e pouca presença no mercado.

PROBLEMA (AMEAÇA X FRAQUEZA)

O fato de o grupo de estudantes não possui um veículo próprio – para prospectar clientes, realizar visitas técnicas e entregar mercadorias de futuras compras – representa um problema devido à logística complicada, já que existem pedágios na maior parte da rodovia. Por se tratar de uma região industrial, não existe transporte público e há risco de assaltos na região.

ALAVANCA (FORÇA X OPORTUNIDADE)

Neste sentido, podemos concluir que a mentoria de professores da faculdade referente a incentivos fiscais do governo, para empresas da região localizadas no futuro polo industrial, pode alavancar o crescimento da pequena empresa de forma correta e sustentável. Igualmente, os jovens empresários podem receber um direcionamento quanto a linhas de créditos, visando aquisição de recursos necessários, como veículo e equipamentos de informática.

DEFESA (AMEAÇA X FORÇA)

Há ainda a dificuldade geográfica em alugar um de espaço físico, para utilização como almoxarifado para estoque de materiais, bem como escritório e referência da empresa, poderia ser resolvida com sugestões e conselhos adquiridos na sessão de mentoria com os professores da faculdade, representando assim uma valiosa defesa para a ameaça mapeada.

Em síntese, entendemos que a análise SWOT possibilita que você identifique os pontos fortes e os fracos de sua empresa ou de um projeto específico; viabiliza também o reconhecimento de oportunidades e ameaças potenciais. Com o uso da análise SWOT, você descobrirá o que está funcionando bem e o que não está tão bom. Todavia, ao realizar a análise SWOT, seja específico, realista e rigoroso. Desta forma, você prioriza algumas escolhas, ações e concentra seu tempo, energia e recursos financeiros nas soluções mais importantes.

Com uma visão clara do projeto, conhecendo o perfil de cada integrante da equipe e com a definição dos objetivos e metas, necessitamos literalmente colocar as mãos na massa, para efetivar ações consistentes. Como faremos tal acontecimento? Estabelecendo um plano de ação, que poderá ser elaborado através de uma ferramenta chamada 5W2H.

FERRAMENTA: 5W2H

"O plano mais seguro é não depender da sorte".
Napoleon Hill

O 5W2H é uma ferramenta organizacional poderosa criada há décadas, nos Estados Unidos e no Japão. E recebeu a nomenclatura 5W2H devido às sete palavras por ela representadas: What (O quê), Why (Por que),Where (Onde), When (Quando), Who (Quem), How (Como) e How much (Quanto), conforme figura 66.

Figura 66 – Ilustração da ferramenta 5W2H

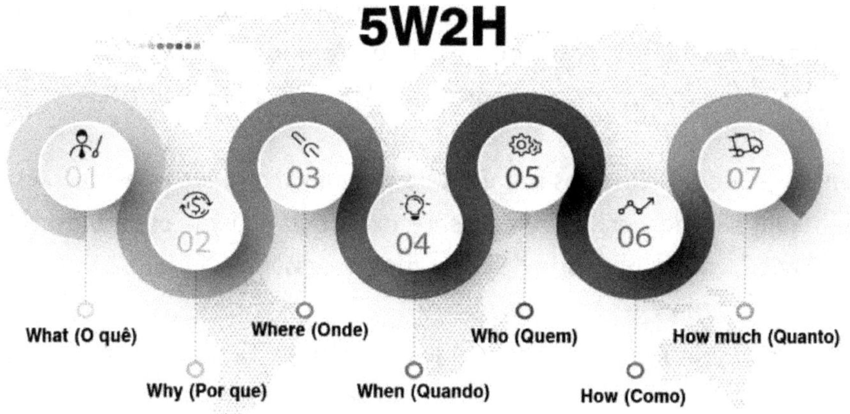

A ferramenta 5W2H pode ser usada em qualquer empresa e também na vida pessoal porque procura auxiliar no plano de ação, o que é inerente a qualquer organização ou pessoa com planos e projetos a serem executados. É uma ótima maneira de organizar as atividades e estabelecer as responsabilidades dos funcionários envolvidos nos processos. Este procedimento também pode ser utilizado em várias áreas ou setores de uma empresa, servindo como base de planejamento de riscos; planejamento de qualidade; planejamento de recursos humanos; planejamento de produção, entre outros.

Exemplo de perguntas para a ferramenta 5W2H.

What – O que? Que? Qual? – Qual o resultado esperado do projeto MOMENTOS DE SEGURANÇA? Que produto vamos desenvolver? Quais medidas de segurança são necessárias para iniciarmos? Quais os EPIs e EPCs (equipamentos de proteção coletiva) serão utilizados? Qual é o principal indicador de segurança? Qual método será empregado? O que o cliente espera deste serviço?

Why – Por que? – Por que este projeto é necessário? Por que devemos usar essa tecnologia? Por que este processo existe? Por que devemos investir em segurança e saúde no trabalho? Por que devemos adequar esta máquina? Porque devemos implantar o projeto MOMENTOS DE SEGURANÇA?

Where – Onde? – Onde as reuniões de segurança e saúde no trabalho serão realizadas? Onde esta atividade será executada? Onde o produto X será fabricado? Onde a melhoria de segurança necessária será feita?

When – Quando? – Quando as atividades do turno B serão iniciadas? Quando o processo deverá ser avaliado? Quando cada tarefa deverá ser executada? Quando o novo maquinário chegará? Quando o treinamento será realizado? Quando o projeto MOMENTOS DE SEGURANÇA será iniciado?

Who – Quem? – Quem será o líder do turno C? Quem executará esta tarefa? Quem será o fornecedor desta matéria-prima? Quem são os principais clientes? Quem são os envolvidos nesta atividade?

How – Como? – Como esta tarefa será executada? Como avaliar o processo? Como está o desempenho deste setor? Como mensurar o nível de segurança da empresa? Como o turno A vai interagir com o turno C?

How much – Quanto? – Quanto custará esta máquina? Quanto custará um acidente ou incidente na empresa? Quanto tempo será necessário para a realização da atividade? Quanto a empresa investirá nesta campanha de segurança e saúde no trabalho?

Para tanto, conforme o exemplo da figura 67, elabore uma planilha 5W2H de acordo com a realidade da empresa que você trabalha e comece a usá-lo.

Figura 67 – Ilustração de uma planilha 5W2H

PLANILHA 5W2H						
What	Why	Where	When	Who	How	How much
O que?	Por que?	Onde?	Quando?	Quem?	Como?	Quanto?

Ao avançarmos no estudo das ferramentas de gerenciamento, surge um elemento fundamental, que nunca poderá ser colocado de lado em qualquer projeto ou produto fabricado, que se chama qualidade. A qualidade referente aos processos de fabricação ou prestação de serviços há muito tempo deixou de ser um diferencial e passou a ser uma obrigação no contexto empresarial.

9.2 – QUALIDADE, NÃO É UM DIFERENCIAL, É UMA OBRIGAÇÃO

A FERRAMENTA: CICLO PDCA

O ciclo de PDCA é uma ferramenta muito utilizada por profissionais, líderes e gestores, pois busca a melhoria de forma continuada, objetivando garantir o alcance de objetivos e metas corporativas. O PDCA pode ser usado em organizações de qualquer tamanho ou seguimento, que ambicionem alcançar um nível de gestão melhor a cada dia.

Sabemos que o ciclo PDCA é utilizado para o gerenciamento (controle) do processo de melhoria, seja este de segurança e saúde no trabalho, qualidade, produção, custo, etc. Logo, deve-se dividir o ciclo em quatro etapas, como veremos a seguir, e não adianta realizar apenas uma das etapas. É necessário girar o ciclo e dar continuidade ao processo de gerenciamento.

Cabe ainda informar que o **PDCA** (do inglês: **PLAN - DO - CHECK - ACT**) é também conhecido como o círculo ou roda de Deming, a figura 68 detalha os 04 pontos do PDCA e ilustra também o que acontece teoricamente quando dedicamos pouco tempo à etapa de planejamento, ou seja, com pouco planejamento a etapa de execução e as fases seguintes consomem mais tempo, energia e demais recursos de um projeto.

O PDCA tornou-se popular através Dr. W. Edwards Deming considerado, por muitos pesquisadores, como o pai do controle de qualidade atual.

Figura 68 – Ilustrações da ferramenta PDCA

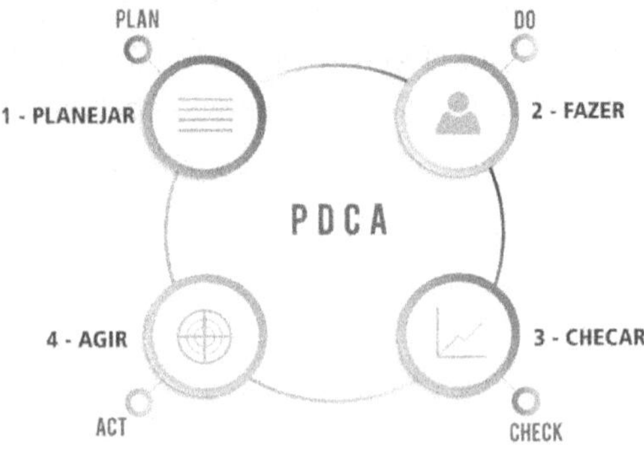

SITUAÇÃO 1:

Tempo maior devido ao pouco planejamento (tentativa e erro).

SITUAÇÃO 2:

Tempo menor, pois o foco estava no planejamento do projeto.

ETAPAS DO PDCA

1) *Plan* (Planejar). Reforçamos que para planejar deve-se primeiramente estudar o cenário atual, o que inclui coletar e analisar dados. Depois, é necessário estabelecer os objetivos, metas e métodos de execução fundamentais para entregar os resultados almejados. Na etapa de planejamento, também se defini a missão, a visão e os procedimentos necessários, para obtenção de resultados específicos. Podemos, então, afirmar que a base de um programa de melhoria contínua está na filosofia de que todos os processos podem e devem ser aperfeiçoados. Neste sentido, torna-se primordial a etapa de planejamento do ciclo, uma vez que nesta etapa definiremos o plano de execução, encontraremos a definição e história de um problema ou oportunidade, faremos o levantamento de perdas, avaliação de possíveis ganhos e as melhorias necessárias.

Portanto, tudo vai depender de como você consegue planejar, pois se você não fizer as indagações corretas na fase de planejamento, quando chegar na etapa de verificação, descobrirá que deverá voltar para a fase inicial. Contudo, é importante mencionar que existem algumas ferramentas que podem nos ajudar, como as Folhas de verificação, Diagrama de Pareto, 5 porquês e o Diagrama de Ishikawa. Logo, veremos a parte conceitual e a aplicação destas ferramentas nas próximas páginas deste livro.

2) *Do* (Fazer): Etapa executiva do PDCA na qual se implementa tudo o que foi planejado. Nesta fase, é fundamental treinar todos os envolvidos, bem como apresentar o passo a passo executivo do projeto, objetivando garantir que todos estejam envolvidos e comprometidos com os resultados almejados e que tudo ocorra conforme o planejamento realizado.

Com relação ao fazer, uma boa estratégia é, sempre que possível, começar resolvendo os problemas menos complexos, pois isso servirá de treinamento para os envolvidos, além disso os resultados positivos iniciais irão motivar os participantes em avançar para os problemas mais complexos. É importante também documentar o antes e o depois da realização das ações de melhorias, para posteriormente disponibilizar os resultados para todos da empresa. No entanto, devemos ressaltar que a avaliação de desempenho através dos resultados dependerá basicamente da qualidade das ações (fazer). Assim, na fase de execução, os líderes devem delegar tarefas, com a maior clareza possível, e certificar-se que todos entenderam os métodos de execução.

c) *Check* (Checar). Perceba que após realizar o planejamento (etapa inicial) e iniciar as atividades (fazer), você precisa monitorar e avaliar constantemente os resultados obtidos na execução das tarefas. Assim, avalie os processos e resultados obtidos confrontando-os com o do planejado, depois consolide as informações em relatórios específicos. No entanto, se houver uma distorção muito grande nos resultados, é recomendado o retorno à primeira etapa, para (re)avaliar o planejamento e refazê-lo ou alterá-lo, caso julgue necessário.

d) *Act* (Agir). O agir refere-se à necessidade de adotar as providências estipuladas nas avaliações e relatórios sobre os processos. Então, caso seja necessário, elabore novos planos visando à correção de falhas. Agora, se os resultados forem positivos, deve-se padronizar os processos, materiais, produtos, equipamentos, instalações, procedimentos, sequências de operações, ferramentas, métodos de gerenciamento; etc. Nesta fase, o novo procedimento deverá ser documentado, visando garantir que este seja, a partir de então, o modelo utilizado, até que se identifique uma nova melhoria.

Os padrões são instrumentos de uso diário e seu uso continuado garante resultados previsíveis. É necessário padronizar os processos para garantir que as atividades do dia a dia sejam feitas sempre da mesma maneira, utilizando os mesmos parâmetros, garantindo a previsibilidade dos resultados. Contudo, devemos ressaltar que se os resultados foram negativos, é preciso refazer o PDCA.

A FERRAMENTA KAIZEN

A próxima ferramenta que vamos abordar chama-se **Kaizen**, (do japonês, "mudança para melhor" ou "melhoria"), e refere-se à filosofia ou às práticas que incidem sobre a melhoria contínua de todos os processos. Informamos que a ferramenta kaizen foi efetivada pela primeira vez por empresas japonesas, após a Segunda Guerra Mundial. Depois, o kaizen espalhou-se por todo o mundo corporativo, entretanto Masaakilmai, que é considerado o pai desta ferramenta, defende que esta metodologia é uma espécie de estilo de vida, que pode se estender a todos os aspectos da vida (pessoais e profissionais), já que, segundo o criador do procedimento Masaakilmai, "KAIZEN significa melhoria contínua na vida pessoal, vida doméstica, vida social e vida profissional. Quando aplicada ao local de trabalho, KAIZEN significa melhoria contínua envolvendo a todos".

CONCEITO KAIZEN

Em sua essência, **Kaizen** significa hoje melhor do que ontem, amanhã melhor do que hoje. Porque, segundo este princípio, é sempre possível fazer melhor e então, nenhum dia de trabalho deve passar sem que alguma melhoria tenha sido verificada e devidamente implantada, seja ela na estrutura organizacional da empresa, ou em determinado setor de trabalho, ou até mesmo no indivíduo. O kaizen proporciona resultados concretos em termos quantitativos e qualitativos em um curto intervalo de tempo. As principais características desta ferramenta são o foco nos processos; uso de técnicas simples e eficazes; sempre trabalhar a causa originaria dos problemas e nunca culpar as pessoas. Assim, aplicar o kaizen em questões sobre melhoria contínua possibilita identificar desperdícios, eliminar etapas desnecessárias em um processo, identificar a realidade, definir mudanças, programar alterações, medir resultados e padronizar processos.

Acreditamos que o conceito kaizen propõe primeiramente uma mudança de mentalidade e posteriormente uma mudança de estilo, hábitos e comportamentos. Então, os principais objetivos empresariais da metodologia são aumentar a produtividade; reduzir o número de incidentes; eliminar os desperdícios de recursos; reduzir os estoques; incentivar a gestão à vista; e envolver todos os gestores, líderes e funcionários na melhoria dos processos.

PRINCÍPIOS DO KAIZEN

Destacamos como princípios do kaizen a ênfase na satisfação do cliente e o reconhecimento dos problemas sem culpar as pessoas. Salientamos também que o uso desta ferramenta promove melhorias contínuas, desenvolve a autodisciplina, permite a participação dos funcionários e dos líderes, dos gestores e da Alta Administração da empresa, promove ainda o gerenciamento de projetos com equipes multifuncionais e capacita todas as pessoas da organização.

Roteiro para aplicação do kaizen:

1. Inicialmente, selecione um processo da empresa.

2. Depois, faça uma análise e documente todas as etapas deste processo.

3. Estude melhorias aplicáveis ao processo.

4. Estruture um processo melhor, em seguida, implante o novo processo.

5. Avalie e documente os resultados.

6. Repita o kaizen.

Dando sequência ao estudo de ferramentas, com foco no gerenciamento da qualidade, vamos abordar dois métodos práticos e indispensáveis a qualquer projeto: diagrama de Ishikawa e 5 porquês.

AS FERRAMENTAS: DIAGRAMA DE ISHIKAWA E 5 PORQUÊS

"Não existem métodos fáceis para resolver problemas difíceis."

René Descartes

Esclarecemos que esta ferramenta (diagrama de Ishikawa) é conhecida por muitas pessoas como diagrama espinha de peixe e serve basicamente para organizar o raciocínio em debates sobre determinado problema. O esquema leva o sobrenome do seu criador, o engenheiro Kaoru Ishikawa, e desde a sua origem, no ano de 1943, vem sempre se aperfeiçoando constantemente.

Então, se você deseja descobrir, analisar, organizar e resumir o conhecimento de um grupo a respeito das possíveis causas de um incidente, de uma falha operacional ou de outro problema, que contribui para um determinado efeito, use o diagrama de Ishikawa. Saiba, no entanto, que na estrutura do diagrama de Ishikawa essas prováveis causas podem ser classificadas como sendo de seis tipos, quando aplicada a metodologia 6M, a qual descreveremos a seguir.

1º M de método: entende-se como toda causa envolvendo o método, que estava sendo executada determinada tarefa;

2º M de material: relaciona-se a toda causa que envolve o material, que estava sendo utilizada na execução de determinada atividade;

3º M de mão de obra: este ponto envolve toda causa no que diz respeito aos gestores, líderes, funcionários e prestadores de serviços.

4º M de máquina: atribui-se o 4º M a toda causa que envolva máquinas, ferramentas ou equipamentos, presentes no processo produtivo da empresa.

5º M de medida: esta parte relaciona-se com toda causa que envolve os instrumentos de medição, questões sobre a sua calibração e a efetividade de indicadores, em mostrar as variações de resultado.

6º M de meio ambiente: este aspecto envolve toda causa que possui relação ao meio ambiente (calor, poeira, ruído, radiações, etc.) e ao ambiente de trabalho (falta de espaço físico para realização de atividades de forma segura, iluminação inadequada, dimensionamento inadequado de células de trabalho, dos equipamentos e assim por diante).

A figura 69 ilustra os 6M´s e como o diagrama de Ishikawa adota a forma de uma espinha de peixe, daí o nome alternativo do diagrama espinha de peixe.

Figura 69 – Ilustração do diagrama de Ishikawa

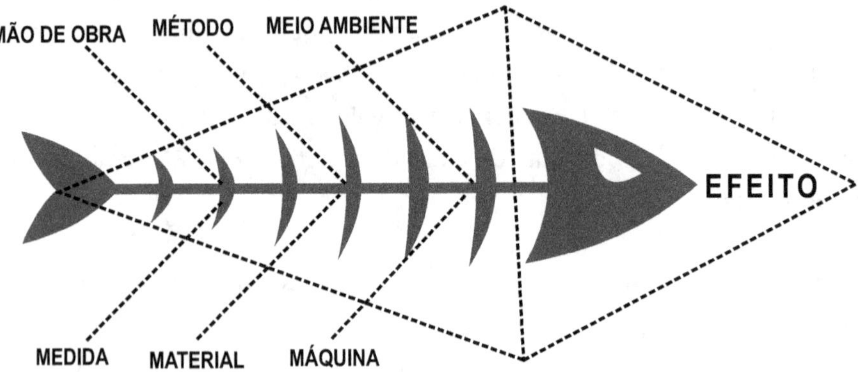

Ressaltamos ainda que não existem limites para a utilização do diagrama de Ishikawa e seu uso ajuda a melhorar o aperfeiçoamento de processos produtivos, além de registrar visualmente as causas potenciais, que podem ser revistas e prover uma estrutura confiável, para a realização de um brainstorming (ferramenta de gerenciamento vista anteriormente).

Conforme a nossa experiência profissional, recomendamos usar o método dos 5 PORQUÊS somente após o uso do diagrama de Ishikawa, pois este último o ajudará a encontrar as causas raízes dos problemas. Realçamos ainda que o método dos 5 PORQUÊS é simples, mas requer paciência, conhecimento do processo, senso crítico, treino e prática, para que a sua utilização seja eficaz. A aplicação inicia-se com a utilização a partir de um fato (baseado no sintoma) e os porquês devem ser utilizados, enquanto as causas que venham a ser apontadas estejam em um processo de convergência, ou seja, o porquê subsequente deve estar relacionado ao anterior.

Em geral, encontra-se a causa fundamental em 4 ou 5 porquês, mas este número pode variar em função de como o problema se apresenta ou de como a metodologia é abordada. Assim, devemos continuar com as perguntas, enquanto ainda existem respostas dentro do campo de atuação da organização. Envolva a equipe na análise, pois quanto mais pessoas, que conhecem o processo, participarem dos 5 PORQUÊS, maior será a chance de chegar rapidamente à causa raiz.

Para finalizarmos este ponto, daremos um exemplo prático do uso dos 5 PORQUÊS. Para tal, vamos imaginar um incidente envolvendo a movimentação de cargas, como o ilustrado na figura 70, na qual ocorreu a queda de material no setor de produção da empresa X. Este material foi içado com apoio da ponte rolante, não houve vítimas apenas danos materiais e atraso no carregamento.

Figura 70 – Queda de material da ponte rolante

Superada as etapas anteriores, referente à investigação deste incidente, abaixo expomos a aplicação prática dos 5 PORQUÊS.

1º Porquê: por que o material caiu?
Resposta: a cinta (acessório), usada na movimentação de cargas, rompeu-se.

2º Porquê: por que a cinta se rompeu?
Resposta: foi usada uma cinta de capacidade inferior ao peso da carga.

3º Porquê: por que se usou uma cinta de capacidade inferior?

Resposta: não foi possível identificar a cor da cinta devido à sujeira e pelo desgaste provocado pela utilização constante.

4º Porquê: por que não se usou outra forma de identificar a capacidade da cinta?

Resposta: o funcionário só conhecia uma forma de identificação da capacidade da cinta.

5º Porquê: por que o funcionário conhecia apenas uma forma de identificação de capacidade da cinta?

Resposta: a empresa não forneceu o treinamento adequado à movimentação de cargas, conforme estabelecido pela norma regulamentadora de referência. Neste ponto, encerra-se a investigação.

Necessitamos ressaltar que existem outras metodologias para investigação de incidentes, por isso cabe ao profissional de SST da empresa decidir qual técnica utilizar. No exemplo citado, resumimos ao máximo este processo, porém entenda que se ficássemos apenas no primeiro porquê, teríamos um sintoma. Se tivéssemos concluído a investigação no segundo ou terceiro porquê, teríamos uma desculpa ou encontraríamos um culpado. Portanto, somente ao concluir o processo dos 5 PORQUÊS encontraremos a causa raiz do problema ou incidente.

Após a identificação da causa raiz, devemos definir ações para que o problema não volte a acontecer, inclusive você poderá também usar a ferramenta 5W2H nesta etapa. Mas, neste caso, vamos destacar dois tipos de ações:

1) Ações de remoção do problema: são ações que tomamos para corrigir um problema pontualmente e evitar mais prejuízos. Estes tipos de ações não agem sobre a causa raiz, por isso não impedem que o incidente não aconteça novamente.

2) Ações corretivas: são ações que atuam diretamente sobre a causa fundamental, com o intuito de bloqueá-la, para que não volte mais a ocorrer.

Líderes e gestores devem acompanhar a eficácia das ações corretivas, assim como devem criar meios para avaliar a qualidade de um produto e serviço, o bom funcionamento de uma máquina ou equipamento, dentre outros. Essa análise serve também para constatar se o que foi definido no plano de ação está sendo realizado conforme as orientações; organizar processos; automatizar etapas; identificar desvios; verificar se o produto está em conformidade com uma regulamentação legal, com as exigências do mercado ou simplesmente se atende os padrões de qualidade exigidos pela empresa. Mas, será que existe uma ferramenta que auxilie em tais averiguações? Sim, existe e chama-se: folhas de verificação.

A FERRAMENTA: FOLHAS DE VERIFICAÇÃO

"Para ver muita coisa é preciso despregar os olhos de si mesmo."
Friedrich Nietzsche

As folhas de verificação, conhecidas também pelos profissionais de SST por checklists, são tabelas específicas. Assim sendo, o uso desta ferramenta facilita a coleta e posterior análise de dados, economiza tempo e permite uma rápida percepção da realidade, ajudando a diminuir erros e confusões. Logo, as folhas de verificação podem ser executadas em formato de tabela, quadro ou planilha, o que torna a coleta de dados mais rápida, precisa e flexível. Na figura 71, apresentamos um exemplo do possível uso da folha de verificação, para a classificação dos tipos de reclamações referente a entrega de determinado produto:

Figura 71 – Exemplo de uma folha de verificação

RECLAMAÇÕES	Segunda	Terça	Quarta	Quinta	Sexta	Total
Produto quebrado.	//	/			///	6
Atraso na entrega.	////	///	//	//	/////	16
Problema na embalagem.	/		/			2
Retorno no atendimento.	////	/////	/////	////	/////	23
Horário da entrega.	/				///	4
Total	**12**	**9**	**8**	**6**	**16**	**51**

Após a coleta de dados, observamos, neste exemplo, que o problema com mais frequência, durante a entrega do produto, é o retorno no atendimento dos clientes, seguido dos atrasos na entrega. Desta forma, outras ferramentas devem ser utilizadas para resolução dos problemas identificados, como o diagrama de Ishikawa, 5 PORQUÊS, Ciclo do PDCA, entre outras.

No entanto, digamos que você trabalha na função de operador de um equipamento usado para movimentar cargas. Nesta função, seu melhor amigo, metaforicamente falando, é a folha de verificação específica para este equipamento. Então, antes de iniciar as tarefas do dia, é sua responsabilidade fazer uso correto desta ferramenta, objetivando garantir que o equipamento que será utilizado oferece condições de segurança para você e seus colegas de trabalho. Nesta inspeção inicial, você terá a possibilidade de verificar, por exemplo, se existe algum vazamento de fluido em conexões ou mangueiras, estado e funcionalidade do painel de controle, condições de rodas e correntes, funcionalidade do acelerador e freios, controles de acionamentos, dentre outros. Assim, no decorrer da inspeção, caso você encontre algum item fora do padrão pré-estabelecido, não se esqueça de consultar o fator de criticidade deste item, conforme especificações da legenda de sua tabela, pois essa informação será crucial para o direcionamento dos próximos passos a serem adotados. Normalmente, ao consultar o fator de criticidade de um item, contido na legenda da folha de verificação de um equipamento usado para movimentar cargas, você encontrará três alternativas (alta, média ou baixo) e suas respectivas ações, são elas: (1) fator de criticidade alta, neste caso, deve-se paralisar o equipamento, solicitar a manutenção corretiva do mesmo e informar este fato ao seu líder e ao profissional de SST da empresa. Mas, qual seria um item de verificação relacionado ao fator de criticidade alta? A resposta para esta pergunta dependerá do tipo e modelo de equipamento a ser utilizado. Por exemplo, caso você trabalhe com uma empilhadeira, um item com fator de criticidade alta seria a funcionalidade dos freios ou do volante de direção, já que um problema em um destes itens tem o potencial de causar um acidente grave ou fatal. Contudo, para itens com fator de criticidade média, pode-se até trabalhar no equipamento com algumas restrições definidas pela empresa. Para um fator de criticidade baixa, é aceitável que você possa trabalhar, depois que relatar a não conformidade em campo específico da folha de verificação. Nesse contexto, por questões de segurança, produtividade e conservação da máquina ou equipamento, nunca inicie sua jornada de trabalho sem utilizar de forma correta a ferramenta folha de verificação.

Por conseguinte, quando observamos o funcionamento de uma empresa, percebemos que existem várias decisões a serem tomadas em um curto intervalo de tempo. Muitas destas decisões originam-se de influências, como a pressão de clientes; questões relacionadas a fornecedores ou gestores; fiscalizações; auditorias; fatores pessoais, etc. Diante destas situações, a forma mais assertiva de decidir será por meio da análise de dados. Assim, o uso das folhas de verificação passa a ser uma ferramenta imprescindível para líderes e gestores.

A figura 72 demonstra um funcionário usando a ferramenta folha de verificação, a qual poderá estar em formato físico (papel) ou digital.

Figura 72 – Funcionário utilizando uma folha de verificação

Ao efetivar as inspeções necessárias por meio da ferramenta folha de verificação ou até mesmo ao realizar outras atividades em seu local de trabalho, talvez exista alguma dúvida sobre o nível hierárquico em que você atualmente se encontra na companhia, ou especificamente a quem você deverá se reportar e prestar contas. Neste caso, o setor de Recursos Humanos poderá ajudar, uma vez que este departamento cuida do capital humano e utiliza uma ferramenta de gerenciamento, que faz parte do planejamento estratégico da empresa, somente através desta ferramenta chamada organograma, as relações de responsabilidades e hierarquia ficam evidentes para todos os funcionários.

9.3 – GENTE E GESTÃO, CUIDANDO DO CAPITAL HUMANO.

"A simplicidade tende ao desenvolvimento, a complexidade à desintegração".
Peter Drucker

A FERRAMENTA: ORGANOGRAMA

Existe uma ferramenta com foco em recursos humanos, que por meio de um gráfico, consegue representar toda a estrutura formal de uma empresa, as unidades funcionais, a hierarquia e as relações de comunicação existentes entre os componentes institucionais. O nome desta ferramenta é organograma. Os primeiros organogramas foram concebidos pelo engenheiro de ferrovias estadunidense Daniel C. McCallum, que foi um importante administrador de ferrovias na década de 1850.

Em uma empresa de qualquer tamanho ou seguimento, o organograma reúne informações que são dispostas em blocos hierárquicos. Tais blocos partem sempre do maior para o menor, isto é, da presidência, diretoria e gestores para os liderados e suas funções e cargos. Desse modo, recomendamos que durante a fase de implantação do projeto MOMENTOS DE SEGURANÇA, você faça uso de organogramas para facilitar a aplicação deste processo. A figura 73 apresenta um modelo de utilização de um organograma.

Figura 73 – Uso de Organograma na empresa

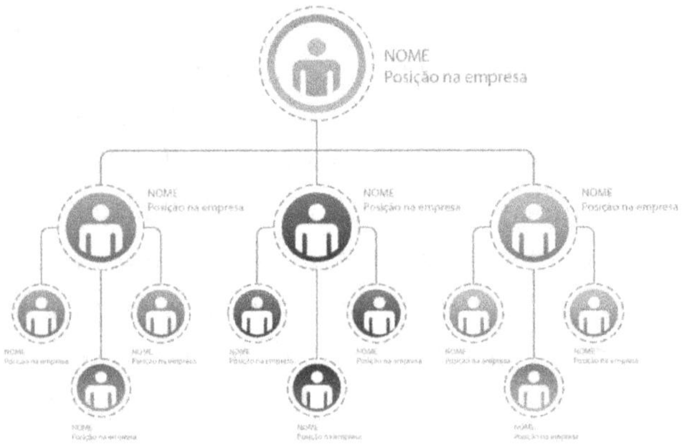

Existem vários tipos de organogramas, adiante demonstraremos alguns exemplos.

Organograma tradicional ou clássico – Também conhecido por muitos gestores como organograma vertical, é habitualmente utilizado pela maioria das empresas. É elaborado basicamente com retângulos ou outra figura geométrica, as quais representam os órgãos ou funções e linhas, que fazem a ligação hierárquica entre os setores ou funções, bem como representa o fluxo de comunicação entre eles.

Organograma em barras – Sabemos que este tipo de organograma é representado por meio de amplos retângulos a partir de uma base vertical, na qual o tamanho do retângulo é diretamente proporcional à importância de aspectos relacionados a competência e autoridade, que o representa. Desta forma, percebe-se facilmente que a barra maior representa o presidente da empresa, seguida pela barra do vice-presidente, diretor, gerente, coordenador, supervisor, líder e assim por diante.

Organograma em setores ou setorial – Neste modelo de organograma, são elaborados basicamente círculos, nos quais representam os diversos níveis de autoridade a partir do círculo central, onde se localiza a autoridade maior no contexto empresarial. Cabe ressaltar que devido à dinâmica de processos, mudanças e desafios operacionais, este tipo de organograma não é recomendável às pequenas empresas, entretanto é uma ferramenta comum em empresas de grande porte, geralmente multinacionais e com setores, que possuem grandes fluxos de atividades.

Organograma linear de responsabilidade – Um dos mais usados na área operacional e uma particularidade relevante deste tipo de organograma, em relação aos demais, é que o seu objetivo não é apresentar o posicionamento hierárquico de uma empresa, mas sim o inter-relacionamento entre diversas atividades e os responsáveis por cada uma delas. Assim sendo, este organograma apresenta de forma prática a comunicação em linhas cruzadas, que podem, por exemplo, mostrar as tarefas na organização e indicar por meio de marcação quais são os profissionais responsáveis por elas, facilitando desta forma, questões sobre apoio operacional, redirecionamento e monitoramento.

Organograma Informativo – Essencialmente este tipo de organograma apresenta como característica principal um grande volume de informações, relacionadas com cada unidade organizacional da empresa.

As principais vantagens de utilizar organogramas na empresa são manter informações organizadas, padronizar processos, aumentar o envolvimento de funcionários e destacar a visão sistêmica. Assim, após a elaboração de um organograma, este precisa ser aprovado pela Alta Administração da empresa, para tornar-se um documento oficial. O organograma da empresa é de conhecimento do público interno e pode ser apresentado também para clientes, fornecedores, visitantes e demais público externo.

A utilização de organogramas, além de preencher lacunas de comunicação e responsabilidades corporativas, irá também gradualmente aumentar o empenho de líderes e liderados na execução de suas tarefas de forma segura e produtiva, entretanto ao desempenhar suas atividades profissionais é essencial ter a clareza dos problemas mais críticos de sua área de atuação ou de um projeto específico.

Problemas sempre vão existir em qualquer empresa, contudo saber identificar as demandas mais críticas dará uma vantagem significativa para o tratamento de causas, objetivando evitar qualquer tipo de crise, já que sabemos que a crise representa um momento extremamente difícil para a conclusão de um projeto ou até mesmo para a sobrevivência de uma empresa. Então, o conhecimento e a aplicação da próxima ferramenta de gerenciamento irão possibilitar que o leitor consiga ver algo positivo nos problemas. Assim que mudar a sua percepção, você conseguirá com maior facilidade encontrar soluções viáveis para resolver os contratempos que surgem no dia a dia. Por isso, o princípio de Pareto será a próxima ferramenta de gerenciamento que iremos estudar.

9.4 – VEJA ALGO POSITIVO NOS PROBLEMAS

"Mantenha seus pensamentos positivos, porque seus pensamentos tornam-se suas palavras."
Mahatma Gandhi

PRINCÍPIO DE PARETO

Sobre questões relacionadas ao desequilíbrio, no século XIX, um economista italiano, chamado de Vilfredo Pareto, chegou à conclusão que havia um padrão na distribuição da riqueza mundial. Pareto identificou que 20% das pessoas possuíam 80% do dinheiro. Destacamos que essa observação original dizia respeito às variáveis população e à riqueza. Então, Pareto continuou as pesquisas percebendo que 80% da terra, na Itália, pertenciam a 20% da população. O economista também fez pesquisas sobre outros países e descobriu que uma distribuição semelhante ocorria nestas nações.

Assim, o princípio de Pareto ou o **Princípio 80/20** (ilustrados nas figuras 74 e 75) afirma que a minoria das causas produz a maioria dos resultados. Desta forma, percebemos que existe, por natureza, um desequilíbrio inerente entre causas e resultados. Isto quer dizer, por exemplo, que nos negócios, 20% dos produtos são responsáveis por 80% das vendas; no trânsito, 20% dos motoristas causam 80% dos acidentes; no atendimento à saúde, 20% das pessoas doentes vão consumir 80% dos recursos; no trabalho, 20% de nossos esforços vão produzir 80% de resultados; na liderança, 20% das pessoas tomam 80% das decisões; no atendimento ao público externo, 80% das reclamações são feitas por 20% dos clientes. No entanto, perceba que estamos analisando dois conjuntos de dados referentes às causas e aos resultados, destacando o padrão de desequilíbrio entre eles, o que pode ser 70/30, 65/35, 75/25, 80/20 e assim por diante. Mas, qualquer que seja o nível de desigualdade, existe uma possibilidade muito grande que exceda a nossa expectativa.

Portanto, o princípio de Pareto pode ser usado quando você encontrar vários problemas relacionados a um problema comum com múltiplas causas.

Muitos profissionais de segurança e saúde no trabalho usam o princípio de Pareto para destacar a importância da priorização de perigos. Isto é, partindo do pressuposto que 20% dos perigos/riscos correspondem a 80% dos incidentes, tais profissionais podem determinar e direcionar esforços no combate dos 20%, evitando assim trabalhar de forma aleatória. A fim de aprofundar o estudo nesta ferramenta você pode, por exemplo, responder as seguintes perguntas:

Figura 74 – Princípio 80/20

Quais são os 20% de ações que produzem 80% de resultados em sua vida profissional?

Identifique 20% das pessoas que colabora com 80% dos resultados em prevenção de acidentes.

Determine 20% das pessoas na empresa que vão colaborar com 80% dos resultados, durante a implantação do projeto MOMENTOS DE SEGURANÇA.

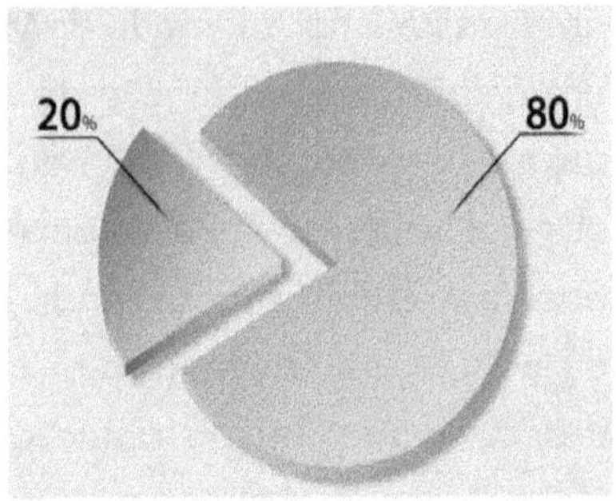

Figura 75 – Princípio 80/20

COMO USAR O PRINCÍPIO DE PARETO

Existem diversas situações ou oportunidades para utilizar o princípio 80/20. Para fins de ilustração de um exemplo prático, considere que um gestor da área X de uma fábrica deseja diminuir o número de desvios em segurança e saúde no trabalho, para isso consolidou os dados do último semestre, conforme tabela 76.

Tabela 76 – Número de desvios do último semestre

DESVIOS	Nº DE OCORRÊNCIAS
Não isolamento de área	45
Permissão de trabalho incompleta	475
Uso inadequado do protetor auricular	60
Não uso do corrimão da escada	500
Veículos estacionados de forma incorreta	30
Correr na área fabril	20
Não uso do capacete	65
Caminhar falando ao celular	15
TOTAL	1210

Primeira etapa: com as informações obtidas do quadro anterior, o gestor refez a tabela colocando os valores por ordem decrescente de grandeza, como na tabela 77.

Tabela 77 – Número de desvios por ordem decrescente

DESVIOS	Nº DE OCORRÊNCIAS
Não uso do corrimão da escada	500
Permissão de trabalho incompleta	475
Não uso do capacete	65
Uso inadequado do protetor auricular	60
Não isolamento de área	45
Veículos estacionados de forma incorreta.	30
Correr na área fabril	20
Caminhar falando ao celular	15
TOTAL	1210

Segunda etapa: De acordo com o demonstrado na tabela 78, o gestor acrescentou mais uma coluna, indicando os valores acumulados. O leitor conseguirá efetuar este cálculo, somando o número de ocorrências de uma razão mais as ocorrências da razão anterior. **Tabela 78 – Valores acumulados**

DESVIOS	Nº DE OCORRÊNCIAS	ACUMULADOS
Não uso do corrimão da escada	500	500
Permissão de trabalho incompleta	475	975
Não uso do capacete	65	1040
Uso inadequado do protetor auricular	60	1100
Não isolamento de área	45	1145
Veículos estacionados de forma incorreta.	30	1175
Correr na área fabril	20	1195
Caminhar falando ao celular	15	1210
TOTAL	1210	

Terceira etapa: Consoante a tabela 79, percebe-se que o gestor acrescentou mais uma coluna, na qual adicionou os valores percentuais referentes a cada tipo de ocorrência. Salientamos que o leitor poderá efetuar este cálculo, dividindo o número de ocorrências de um determinado tipo pelo total de ocorrências no período. Recomendamos fazer uma planilha no Excel ou realizar as equações com o auxílio de uma calculadora científica, para considerar os valores aproximados na hora de efetuar a soma total.

Tabela 79 – Valores em percentuais de cada ocorrência

DESVIOS	Nº DE OCORRÊNCIAS	ACUMULADOS	PERCENTUAL UNITÁRIO
Não uso do corrimão da escada	500	500	41%
Permissão de trabalho incompleta	475	975	39%
Não uso do capacete	65	1040	5%
Uso inadequado do protetor auricular	60	1100	5%
Não isolamento de área	45	1145	4%
Veículos estacionados de forma incorreta.	30	1175	2%
Correr na área fabril	20	1195	2%
Caminhar falando ao celular	15	1210	1%
TOTAL	1210		100%

Quarta etapa: Agora, o gestor acumulou estes percentuais em uma última coluna, somando o percentual de ocorrência de cada razão ao percentual de ocorrência da razão anterior, conforme demonstrado na tabela 80.

Tabela 80 – Percentual acumulado

DESVIOS	Nº DE OCORRÊNCIAS	ACUMULADOS	PERCENTUAL UNITÁRIO	PERCENTUAL ACUMULADO
Não uso do corrimão da escada	500	500	41%	41%
Permissão de trabalho incompleta	475	975	39%	80%

Não uso do capacete	65	1040	5%	85%
Uso inadequado do protetor auricular	60	1100	5%	90%
Não isolamento de área	45	1145	4%	94%
Veículos estacionados de forma incorreta.	30	1175	2%	96%
Correr na área fabril	20	1195	2%	98%
Caminhar falando ao celular	15	1210	1%	100%
TOTAL	1210		100%	

Com estes dados, o gestor conseguiu construir o gráfico de Pareto, como ilustrado na figura 81.

Figura 81 – Gráfico de Pareto

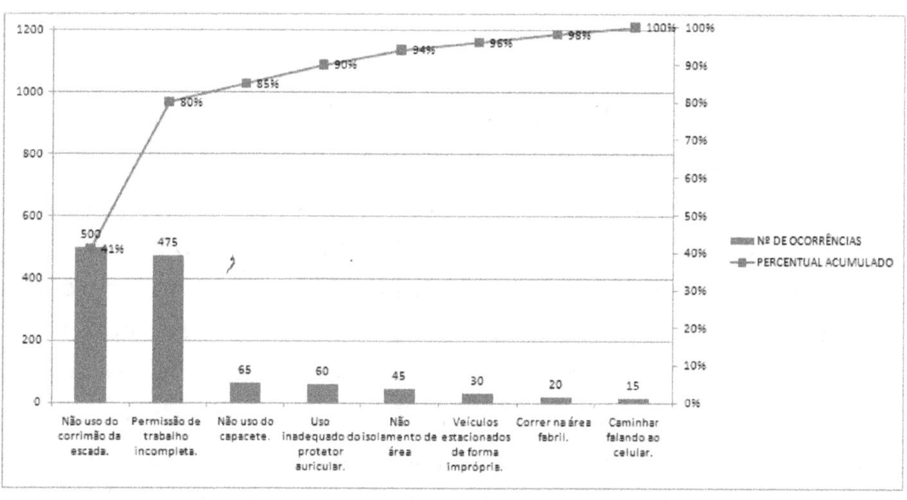

Ao analisarmos o gráfico, podemos perceber que os dois primeiros desvios somados representam 80% das ocorrências, o que reforça o princípio 80/20. Neste exemplo hipotético, cabe a organização criar um plano de ação, com foco inicial nos dois primeiros desvios.

Neste sentido, o princípio de Pareto poderá ser usado, por exemplo, para destacar a importância da priorização de determinados desvios e perigos nos locais de trabalho, sendo que, antes desta etapa, é necessário obter a descrição dos perigos e possíveis lesões ou agravos à saúde do trabalhador, identificando as fontes ou circunstâncias destes perigos. Posteriormente, líderes e gestores com apoio do profissional de SST devem em conjunto avaliar os riscos relativos aos perigos identificados e para cada risco detectado deve ser indicado o nível de risco ocupacional. Mas como proceder neste caso? A resposta para este questionamento é o nível do risco ocupacional que será determinado pela combinação da severidade das possíveis lesões com a probabilidade de sua ocorrência. Parece complicado, não é mesmo? Felizmente, existe uma ferramenta de gerenciamento conhecida como Matriz de Probabilidade e Impacto de Riscos que poderá ajudar neste processo e ao fazer o uso correto desta ferramenta pode-se, se necessário, correr riscos calculados.

9.5 – PREPARE-SE PARA CORRER RISCOS CALCULADOS

"Existem dois tipos de riscos: aqueles que não podemos nos dar ao luxo de correr e aqueles que não podemos nos dar ao luxo de não correr".
Peter Drucker

MATRIZ DE PROBABILIDADE E IMPACTO DE RISCOS

Se você quer efetivar o gerenciamento de riscos e deseja também descobrir de forma prática, quais riscos devem receber mais atenção neste processo, você deverá utilizar uma ferramenta denominada Matriz de Riscos ou Matriz de Probabilidade e Impacto. Os profissionais de SST sabem que os riscos são analisados, basicamente através de duas variáveis: probabilidade e impacto ou severidade. Então, a análise de riscos consiste em relacionar os eventos relevantes, avaliar as probabilidades, de onde estes eventos se concretizarem, e definir seus possíveis impactos. Ao avaliar um risco, devemos determinar o nível de probabilidade e o impacto. Como num jogo de batalha naval, a matriz utilizará as linhas e colunas para determinar a criticidade do risco avaliado. Assim, entendemos que a matriz de riscos consiste em uma tabela orientada por duas dimensões: probabilidade e impacto, como na figura 82, por isso é possível calcular a classificação do risco a ser apreciado, o qual consiste na avaliação do impacto versus a sua probabilidade.

Figura 82 – Exemplo de uma matriz de riscos

PROBABILIDADE / IMPACTO	Sem Impacto	Leve	Médio	Grave	Gravissimo
QUASE CERTO	Risco Elevado	Risco Elevado	Risco Extremo	Risco Extremo	Risco Extremo
ALTA	Risco Moderado	Risco Elevado	Risco Elevado	Risco Extremo	Risco Extremo
MÉDIA	Risco Baixo	Risco Moderado	Risco Elevado	Risco Extremo	Risco Extremo
BAIXA	Risco Baixo	Risco Baixo	Risco Moderado	Risco Elevado	Risco Extremo
RARO	Risco Baixo	Risco Baixo	Risco Moderado	Risco Elevado	Risco Elevado

Diante disso, compreendemos que a ferramenta matriz de riscos pode ser utilizada na avaliação de qualquer risco presente no ambiente de trabalho. No entanto, o primeiro passo consiste em criar uma matriz de riscos, de acordo com a situação da empresa em que você trabalha. Por causa disso, você precisa definir quais serão os critérios que deverão classificar a probabilidade e o impacto do risco, conforme a realidade da empresa em questão. No contexto geral, as empresas utilizam cinco níveis de probabilidade e impacto para a avaliação de riscos, mas nada impede que você vá além, caso julgue necessário. Deste modo, a descrição dos critérios para a probabilidade e o impacto, neste caso, pode ser definida da seguinte forma:

Critérios de Probabilidade, conforme figura 83.

Figura 83 – Parâmetros de probabilidade

Probabilidade		Descrição dos critérios de probabilidade
Descritiva	**Numérica**	
Raro	1% a 10%	Não é provável que aconteça.
Leve	11% a 30%	Pode ser que ocorra uma vez no período de um ano.
Média	31% a 50%	Pode ser que ocorra mais de uma vez dentro de um ano.
Alta	51% a 70%	Pode ser que ocorra todos os meses.
Quase certa	71% a 90%	Pode ser que ocorra semanalmente.

Critérios de Impacto, conforme tabela 84.

Figura 84 – Parâmetros de impacto

Impacto	Descrição dos critérios de impacto
Sem impacto	Os riscos possuem consequências pouco significativas.
Leve	Os riscos possuem consequências reversíveis em curto e médio prazo com custos pouco significativos
Médio	Os riscos possuem consequências reversíveis em curto e médio prazo com custos entre baixos e médios.
Grave	Os riscos possuem consequências reversíveis em curto, médio e longo prazo com custos altos.
Gravíssimo	Os riscos possuem consequências irreversíveis ou com custos inviáveis

Neste ponto, é necessário inicialmente realizar a identificação dos riscos e depois analisar a sua probabilidade e impacto, de acordo com os critérios definidos anteriormente. Ressaltamos também que a avaliação da probabilidade e impacto deve ser feita por pessoas, que entendam do processo e dominem o assunto, pois o conhecimento sobre o risco identificado é de suma importância, para que a avaliação seja precisa, por isso a nossa sugestão é que a avaliação seja realizada por uma equipe, contando sempre com o apoio do profissional de SST.

Desta forma, com a correta utilização da Matriz de Probabilidade e Impacto, líderes e gestores devem assumir o compromisso visível e a responsabilidade em informar aos seus liderados quais são os riscos ocupacionais existentes nos locais de trabalho, bem como líderes e gestores precisam comunicar as medidas de prevenção adotadas para eliminar ou reduzir tais riscos e certificar-se que os funcionários compreenderam as orientações transmitidas. Por outro lado, ao funcionário, cabe seguir as recomendações, normas, procedimentos e instruções de trabalho relativas à segurança e à saúde no trabalho, assim como exercer o direito e a responsabilidade de parar suas atividades quando constatar uma situação de trabalho, que envolva um risco grave e iminente para a sua integridade física. Neste caso, o trabalhador deverá informar este fato imediatamente ao seu superior hierárquico e ao profissional de SST da empresa. Seu superior hierárquico não poderá exigir o seu retorno à atividade, enquanto não sejam tomadas as medidas corretivas necessárias para garantir a segurança do funcionário. Nestes casos, líderes e liderados podem utilizar a Matriz de Probabilidade e Impacto para fins de melhorias de processos e prevenção de acidentes de trabalho.

5

OBJETIVOS DE APRENDIZAGEM

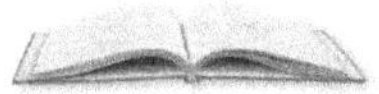

Após a leitura da quinta parte deste livro, você será capaz de responder aos seguintes questionamentos:

1. Por que é importante registrar meu progresso na implantação do projeto MOMENTOS DE SEGURANÇA?

2. Por que devo registrar a minha evolução e comemorar cada conquista?

3. Qual a importância de fazer um levantamento de possíveis objeções antes da implantação de um projeto, como MOMENTOS DE SEGURANÇA?

4. Por que devo levar os MOMENTOS DE SEGURANÇA para todos os lugares?

10 – ANALISE, REGISTRE E COMEMORE

*I*niciamos a última parte deste livro refletindo sobre um questionamento primordial: qual é a importância da análise de dados durante a implantação do SAFETY MOMENT? Uma possível resposta estaria associada a coleta e posterior análise de dados sobre a implantação da ferramenta MOMENTOS DE SEGURANÇA, que, além de evitar conclusões pautadas em opiniões generalistas, permitirá que você decida de forma assertiva sobre possíveis ajustes necessários durante alguma etapa do projeto. Então, metaforicamente você possui uma receita de bolo que é justamente o passo a passo descrito neste livro, sendo que as informações provenientes da análise de dados, durante as etapas executivas, seriam os ingredientes e a consolidação do SAFETY MOMENT na empresa representaria, o tão esperado, bolo. Contudo, você só obterá o bolo se primeiramente estudar este livro; posteriormente deverá colocar em prática as estratégias contidas nesta obra; e em seguida deverá coletar e analisar os dados para transformá-los em informações relevantes ao projeto, uma vez que o diagnóstico permitirá encontrar respostas para alguns questionamentos: qual setor ainda não iniciou o projeto? Existe algum líder com duvidas sobre o MOMENTO DE SEGURANÇA? Durante a semana quantas vezes ocorreram o SAFETY MOMENT no setor X? Qual área precisa de apoio? Qual é o tempo médio de duração de um tema no setor Y? Existe alguma dificuldade ou resistência quanto a execução do projeto? Qual será a tendência nos próximos dias? Assim, explorando mais possibilidades no sentido de fornecer apoio, você poderá responder a seguinte pergunta: o que posso fazer para facilitar a realização do MOMENTO DE SEGURANÇA pela direção da empresa, seus gestores, supervisores e líderes, durante a fase de implantação deste projeto? Responda a este e outros questionamentos de forma imparcial, mas lembre-se da hierarquia de clientes internos, que tratamos no começo deste livro (capítulo 4). Então, você poderá ajudar de várias maneiras, inclusive disponibilizando uma variedade de temas ligados a segurança e saúde no trabalho, ou colocando-se à disposição para abordar algum tema específico. Você também poderá divulgar o projeto por meio dos murais de avisos, e-mails corporativos, cartazes, etc., saiba que tais ações irão impactar de forma positiva no resultado almejado.

Ao encontrar respostas com base em fatos, a observação torna-se fundamental para efetivar ações assertivas com base no que foi planejado, assim como resolver algum contratempo e prever oportunidades futuras. Desta forma, objetivando elucidar alguns pontos sobre a implantação do projeto MOMENTOS DE SEGURANÇA, apresentaremos a seguir um estudo de caso.

10.1 – ESTUDO DE CASO SOBRE A IMPLANTAÇÃO DO SAFETY MOMENT

"Estudar é polir a pedra preciosa; cultivando o espírito, purificamo-lo".
Confúcio

Sabemos que implantar qualquer projeto ou ferramenta na área de segurança e saúde no trabalho não é fácil, pois os profissionais de SST, na maioria das vezes, encontram resistências, principalmente, se a cultura de segurança da empresa encontra-se em um nível patológico ou reativo. Por isso, na primeira edição deste livro, visando ajudar a refinar algumas estratégias e antecipar prováveis objeções, realizamos uma análise de cenários com o SAFETY MOMENT. Não obstante, com o intuito de demonstrar de forma prática a metodologia descrita neste livro, facilitando assim o entendimento de aspectos relacionados à implantação da ferramenta MOMENTOS DE SEGURANÇA, apresentaremos nesta edição um estudo de caso que ajudará o leitor a examinar, com mais clareza, todo conhecimento teórico adquirido, fornecendo também subsídios para novas investigações sobre o tema, o que poderá servir como referência para novos desafios.

Em vista disso, salientamos que o marco inicial do nosso estudo de caso ocorreu na primeira reunião gerencial de uma assessoria, voltada para a revisão do planejamento estratégico da empresa Ramos Reis Engenharia. Importante destacar que a Ramos Reis Engenharia atua em vários setores industriais com foco na fabricação de estruturas metálicas, manutenções industriais (corretiva, preventiva e preditiva) e eletromecânicas. A empresa também elabora e executa projetos de acordo com as necessidades de cada cliente. Convém recordarmos do capítulo 5 (AUTOLIDERANÇA), subitem 5.1 (Não ignore a autoavaliação) deste livro, quando abordamos a questão sobre realização pessoal, iniciamos a descrição da empresa Ramos Reis Engenharia, pois tudo começou através do sonho de um jovem chamado Bruno Reis, que ingressavam no seguimento industrial como auxiliar de manutenção e por identificar-se com a área decidiu que num futuro próximo montaria uma empresa neste seguimento. Assim, dedicou-se com esforço em cada etapa desta jornada profissional, com a certeza que seu sonho se tornaria realidade. Logo, por mérito, foi progredindo de cargo e foi também conhecendo de perto cada desafio, cada oportunidade que o seguimento apresentava. Desta maneira, de auxiliar de manutenção foi promovido a mecânico, depois mecânico líder, líder de equipe, engenheiro mecânico, gestor de área, gestor de contratos e finalmente o responsável pela empresa Ramos Reis Engenharia.

Por conseguinte, diante da celebração de um contrato, voltado para a manutenção industrial de máquinas e equipamentos contidos nos processos de uma mineradora de grande porte localizada no estado brasileiro da Bahia, a empresa PH POTENCIAL HUMANO foi selecionada para fornecer assessoria e todo apoio necessário ao ótimo desempenho da Ramos Reis Engenharia, bem como para ajudar na prospecção de novos clientes. Assim sendo, ao revisarmos os valores organizacionais neste primeiro encontro, ficou claro para todos que o valor principal da empresa deveria ser a segurança no trabalho e que ações práticas no dia a dia deveriam comprovar o envolvimento e comprometimento da Alta Administração, de seus respectivos líderes e gestores nas ações práticas de segurança. É importante destacar que todo argumento utilizado para tal decisão tem por base a reformulação do modelo mental predominante (percepções, crenças e valores) da Alta Administração da empresa, conforme explicamos no primeiro capítulo deste livro, mais especificamente no subtítulo 1.2 (Cuidado com as causas primárias). Da mesma forma, o leitor com certeza percebeu que neste encontro já iniciamos a inclusão positiva de alguns elementos da cultura de segurança de uma empresa, que são: liderança, envolvimento e comprometimento. Da maneira similar, conforme as estratégias que explicamos na segunda parte deste livro, descritas em sua maioria no capítulo sete (VENDENDO O SAFETY MOMENT NA EMPRESA), nesta reunião todos concordaram com a relevância em implantar o MOMENTO DE SEGURANÇA na rotina da organização e a Alta Administração, que também foi desafiada a estender este conhecimento para outras pessoas, através do patrocínio da segunda edição deste livro. Entretanto, como era previsto tal decisão precisou ser analisada internamente, restando apenas definirmos um prazo para entrega do parecer final.

Superada as etapas anteriores contidas nesta obra, inicialmente realizamos a Avalição da Cultura de Segurança da Ramos Reis Engenharia especificamente no contrato de prestação de serviços na mineradora em questão, convidamos o leitor a recordar o capítulo 03 deste livro (COMO ANALISAR A CULTURA DE SEGURANÇA DE UMA EMPRESA), visto que, através da avaliação SCA (Safety Culture Assessment), identificamos a necessidade de melhorarmos os elementos descritos a seguir, de acordo com os resultados obtidos em nossas avaliações, conforme a tabela 85 e as referências demonstradas pelas tabelas 86 e 87.

Tabela 85 – Resultados obtidos durante as avaliações.

ELEMENTO	RESULTADO	DESEMPENHO
LIDERANÇA	16 pontos	MÉDIO DESEMPENHO
INFORMAÇÃO COMPARTILHADA	17 pontos	MÉDIO DESEMPENHO
APRENDIZAGEM ORGANIZACIONAL	17 pontos	MÉDIO DESEMPENHO
ENVOLVIMENTO	23 pontos	ALTO DESEMPENHO
COMUNICAÇÃO	21 pontos	MÉDIO DESEMPENHO
COMPROMETIMENTO	24 pontos	ALTO DESEMPENHO

TOTAL GERAL	118	NÍVEL CALCULATIVO

Tabela 86 – Tabela de referência representando o nível de desempenho por elemento

NÍVEL DE DESEMPENHO POR ELEMENTO	
Se o resultado for de 23 a 25 pontos	Alto desempenho
Se o resultado for de 16 a 22 pontos	Médio desempenho
Se o resultado for de 9 a 15 pontos	Baixo desempenho
Se o resultado for igual ou menor que 8 pontos	Desempenho crítico

Tabela 87 – Tabela de referência representando o nível de maturidade da cultura de segurança

NÍVEL DE MATURIDADE DA CULTURA DE SEGURANÇA	
Se o resultado for de 141 a 150 pontos	NÍVEL CONSTRUTIVO
Se o resultado for de 121 a 140pontos	NÍVEL PROATIVO
Se o resultado for de 81 a 120 pontos	NÍVEL CALCULATIVO
Se o resultado for de 41 a 80 pontos	NÍVEL REATIVO
Se o resultado for de 40 pontos ou menos	NÍVEL PATOLÓGICO

Com a indicação do resultado em um nível calculativo referente a cultura de segurança, reunimos os gestores e realizamos em conjunto um Branstorming (consultar a quarta parte do livro, – FERRAMENTAS DE GEREN-CIAMENTO) e definimos um plano de ação (5W2H), contendo várias etapas e algumas especificações, como: implementar um programa de capacitação em liderança, envolvendo a parte teórica, prática e avaliação de desempenho; realizar reuniões de análise crítica com a Alta Administração, monitorar indicadores proativos e reativos em SST e implantar um programa referente a Auditoria Comportamental.

10.2 – ENTRA EM CENA A AUDITORIA COMPORTAMENTAL

Seguindo as etapas do plano de ação, constatamos que a implantação do programa de Auditoria Comportamental junto com o SAFETY MOMENT serviu de base para estruturação de elementos essenciais da cultura de segurança da empresa. Entende-se por Auditoria Comportamental um método de observação, registro e interação com a força de trabalho, que tem como foco o modelo mental predominante de líderes e liderados, e o comportamento dos funcionários durante a realização de suas tarefas, através de abordagens positiva, objetivando a conscientização e a melhoria contínua do desempenho em SST.

Em seguida, iniciamos o projeto SAFETY MOMENT realizando pequenos ajustes referente a fase executiva da ferramenta. Por exemplo, em uma reunião com a fiscalização da mineradora, um gestor da Ramos Reis Engenharia esqueceu de iniciar a reunião com um MOMENTO DE SEGURANÇA. Apesar de a fiscalização ter elogiado todos os aspectos referentes ao planejamento de um projeto de ampliação do setor da Brigada de Emergências da mineradora, esse lapso de memoria não passaria em branco, uma vez que todas as instruções foram transmitidas de forma clara e objetiva. Desta forma, após o reforço positivo sobre este assunto, o gestor pediu desculpas e assumiu o compromisso de aplicar o SAFETY MOMENT em todas as oportunidades. Assim aos poucos, os assuntos relativos à prevenção de acidentes ganhavam destaque, atenção e preocupação entre todos os funcionários.

Pretendendo consolidar a cultura do comportamento seguro e produtivo na empresa Ramos Reis Engenharia, elaboramos um procedimento participativo estabelecendo as diretrizes para realização de auditorias comportamentais, com o propósito de identificar, registrar e tratar desvios críticos durante a execução de atividades operacionais, visando manter o foco no zero acidente, demonstrar liderança na prática e fomentar princípios fundamentais, sobre a autorresponsabilidade em prevenir acidentes do trabalho. E por meio de números, de fatos e dados, conseguiríamos trabalhar medidas educativas com base na segurança e saúde no trabalho- SST. Contudo, pela dinâmica dos processos e pela necessidade de sermos ágeis nas tratativas de assuntos ligados a desvios e prevenção de incidentes, decidimos evitar a parte robusta, técnica e pesada de um programa de auditoria comportamental, de modo que optamos em direcionar nossa atenção em cinco elementos auditáveis.

10.3 – OS CINCO ELEMENTOS AUDITÁVEIS

Nesta etapa do estudo de caso, é relevante destacar que a mineradora, para qual a empresa Ramos Reis Engenharia presta serviços, possui um eficiente sistema de gestão em SST, contendo programas específicos, procedimentos, diversas ferramentas voltadas para prevenção de acidentes e foco no desenvolvimento de sua força de trabalho. Assim, todas as empresas contratadas necessitam seguir as diretrizes contidas em cláusulas contratuais, entretanto a Ramos Reis Engenharia, além de seguir tais determinações, procurou fazer mais que o esperado. Neste sentido, o procedimento elaborado para a realização de auditorias comportamentais direcionou o foco em 5 elementos auditáveis: a) Uso correto de EPIs / EPC; b) Isolamento e sinalização; c) Procedimentos de SST; d) Ferramentas, máquinas e equipamentos; e) Ordem, arrumação e limpeza.

Neste contexto, as auditorias foram realizadas por funcionários capacitados, ou consultores, acompanhados por um representante da área avaliada. As abordagens foram pautadas em elogios, reconhecendo os funcionários que estavam cumprindo os procedimentos e normas de segurança e saúde no trabalho. Para aqueles que não estavam cumprindo tais procedimentos e normas, sugerimos as abordagens de forma educada e positiva com a finalidade de disseminar uma cultura de comportamento seguro e produtivo, influenciando tais funcionários a adotarem práticas seguras no local de trabalho, já que o direcionamento necessário foi feito com base em campanhas educativas e não em medidas punitivas. Abaixo, apresentamos o resumo de questionamentos feitos durante as auditorias, com base nos cinco elementos auditáveis.

a) Uso correto de EPIs / EPC

O funcionário está utilizando EPIs / EPC de forma correta? Os EPIs utilizados fornecem proteção adequada? Se não protegem, quais as razões? Os EPIs estão em perfeito estado de conservação e funcionamento?

b) Isolamento e sinalização

A atividade realizada requer isolamento e sinalização? Se sim, os funcionários estão usando os recursos (placas, cones, correntes ou fita zebrada) de forma adequada?

c) Procedimentos de SST.

Há necessidade de algum procedimento de SST para a realização do trabalho? Se sim, o procedimento está sendo seguido corretamente? Os procedimentos de SST encontram-se disponíveis? O funcionário sabe responder aos questionamentos sobre os procedimentos aplicáveis ao seu trabalho?

d) Ferramentas, máquinas e equipamentos.

O funcionário está usando alguma ferramenta improvisada? Máquinas, equipamentos e ferramentas são adequados para a área de trabalho? Máquinas, equipamentos e ferramentas estão em condições operacionais e de segurança?

e) Ordem, arrumação e limpeza.

Dentro de um critério razoável de possibilidades, o local de trabalho está limpo e organizado? Os materiais de trabalho e as ferramentas são guardados apropriadamente? Há produtos químicos vazando no solo? Há outro tipo de poluição ambiental? O funcionário encontra-se com seu fardamento em boas condições de uso?

Com intuito de ampliar o envolvimento e a colaboração de todos os funcionários em aspectos relacionados à segurança e saúde no trabalho, alguns questionamentos da avaliação foram realizados por equipe, por exemplo, quando os auditores avaliavam questões sobre isolamento e sinalização, organização e limpeza, todos os funcionários inseridos naquela atividade seriam avaliados com mesmo rigor, portanto o valor numérico referente a nota do grupo automaticamente seria replicada de forma individual para todos os membros daquela equipe. Também ficou claro para a equipe auditora que tarefas contendo desvios, que apresentassem risco grave e iminente, deveriam ter suas atividades paralisadas imediatamente, sendo que tais atividades só poderiam ser retomadas após a correção ou a tomada de ações de controle satisfatórias, em termos de segurança e saúde no trabalho. A seguir, descrevemos a aplicação prática do procedimento de auditoria comportamental.

APLICAÇÃO PRÁTICA

Após a elaboração, aprovação e treinamento do procedimento referente ao processo de Auditoria Comportamental, cada funcionário da Ramos Reis Engenharia inicia o mês com 100 pontos, os quais representam de forma simbólica um voto de confiança da empresa, no que diz respeito aos cursos, campanhas e treinamentos realizados, as normas e procedimentos implantados, os recursos fornecidos e as boas práticas operacionais. Isto posto, espera-se que cada funcionário mantenha os 100 pontos durante o mês corrente. Diante desta situação, surge a pergunta: como registrar os resultados dos cincos elementos auditáveis? Os apontamentos foram registrados em cartões próprios e posteriormente foram compilados na planilha de controle, conforme anexos específicos contidos no procedimento. Com base nos dados desta planilha, foram desdobrados os principais indicadores do comportamento seguro, para fins de monitoramento e ações educativas necessárias. Os dados consolidados das auditorias comportamentais permitiram identificar, por exemplo, o Índice de Atitudes Seguras (IAS), como ilustra a figura 88, que retrata o desempenho com relação às boas práticas do comportamento seguro de cada funcionário. Para o indicador IAS, os resultados foram classificados da seguinte forma:

Figura 88 - Índice de Atitudes Seguras (IAS)

PONTUAÇÃO		
100	Conceito: Excelente	
91 a >100	Conceito: Ótimo	
71 a >90	Conceito: Bom	
60 a >70	Conceito: Regular	
51 a >59	Conceito: Ruim	
Menor que 50	Conceito: Crítico	

Após apresentarmos um resumo de pontos específicos do estudo de caso referente a auditoria comportamental, apresentamos a seguir os resultados obtidos nos primeiros dois meses. Cabe informar que alteramos a relação nominal dos participantes deste estudo, conforme a figura 89.

Figura 89 – Resultado da Auditoria Comportamental

Assim, ao analisarmos a figura 89 e posteriormente a figura 90, que representam os resultados das auditorias comportamentais realizadas em setembro e outubro de 2021, constatamos a necessidade de efetivar intervenções de caráter educativo com apoio dos líderes de área. É importante frisar ainda que um dos objetivos da auditoria comportamental foi identificar a equipe de trabalho ou o profissional, que necessita de mais de atenção, no sentido de receber orientações específicas e ajuda, já que a liderança precisa entender o contexto geral, através de um olhar sistêmico com base nos números, e posteriormente deve adotar medidas educativas, visando preencher alguma lacuna existente no modelo de competências daquele profissional ou de uma equipe em questão.

Figura 90 – Resultado da Auditoria Comportamental

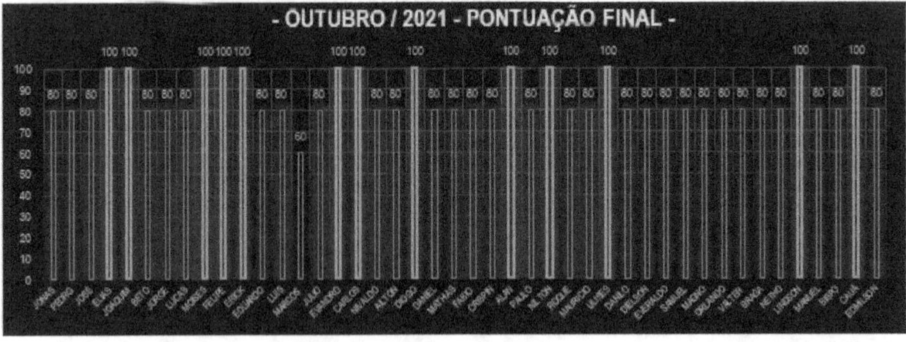

Da mesma forma, ao analisarmos os dados do mês de setembro e outubro de 2021, apresentados pelas figuras 91 e 92, e demonstrados pelo Profissional de SST da Ramos Reis Engenharia, Sr. Matheus Melo Lima dos

Santos (responsável pelo programa de Auditoria Comportamental), primeiro chegamos à conclusão de que era necessária intensificar a campanha prática sobre todos os procedimentos de SSMA, aplicados em campo. Assim, líderes e gestores assumiram o compromisso de esclarecer duvidas e motivar seus liderados a seguirem todos os protocolos de segurança do trabalho, uma vez que o 3º elemento (Procedimentos de SSMA) recebeu, no mês de setembro de 2021, o maior número de não conformidades, conforme representação da figura 91.

Figura 91 – Resultado da Auditoria Comportamental por elemento

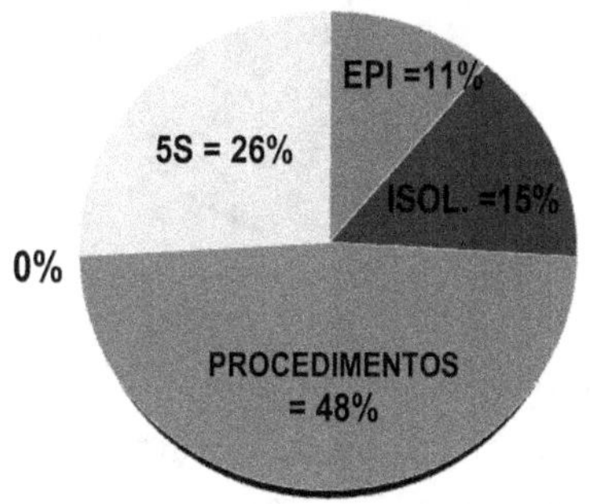

Posteriormente, na Auditoria Comportamental do mês de outubro de 2021, os números mostraram que houve uma queda nos desvios referente ao elemento "Procedimentos de SSMA", entretanto o 1º elemento (uso correto de EPIs / EPC) obteve o maior número de não conformidades (figura 92). Após constatarmos esse fato, realizamos um Branstorming com líderes e gestores para definirmos um plano de ação, pois partimos inicialmente do pressuposto que os funcionários detêm todos os treinamentos necessários e recebem EPIs de primeira linha, por isso esperávamos melhores resultados. No entanto, nossa atenção continuou direcionada para fatos positivos. Nos meses de setembro e outubro de 2021, os funcionários da empresa auditada não foram notificados no 4º elemento (ferramentas, máquinas e equipamentos), demonstrando que, além de usarem de forma segura, cuidam muito bem de tais itens. Então, colocamos em prática reforços positivos quanto aos pontos em destaque e de forma estratégica líderes e gestores implementaram ações educativas com base em números, como: premiações, concurso de frases, campanhas, palestras, sessões de mentoria, dentre outros eventos educativos

Figura 92 – Resultado da Auditoria Comportamental por elemento

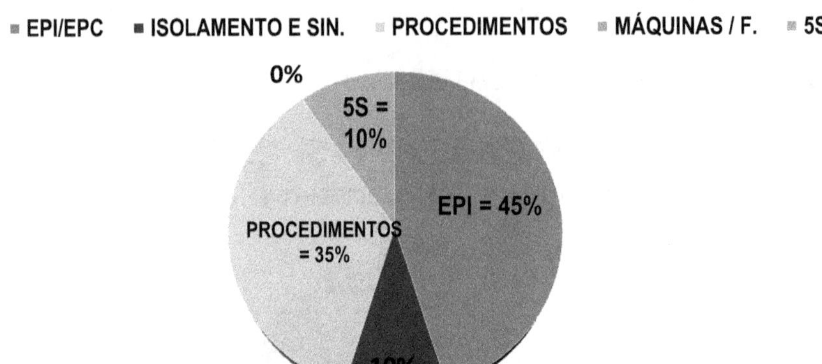

CONCLUSÃO DO ESTUDO DE CASO

Em primeiro lugar, o estudo de caso validou a importância da Alta Administração demonstrar, por meio de ações práticas, que a prevenção de acidentes de trabalho merece destaque especial nos negócios da organização, dado que a segurança do trabalho não é um negócio a parte, a segurança do trabalho faz parte dos negócios de qualquer empresa. Assim, é importante entender o modelo mental predominante (limitado e seletivo ou proativo, abrangente e sistêmico) da Alta Administração, de seus respectivos líderes e gestores no que diz respeito a cultura de segurança, uma vez que a verdadeira mudança ocorre com mais facilidade e maior velocidade de cima para baixo.

Constatamos que, quando o diretor da empresa começou a realizar de forma habitual o SAFETY MOMENT, ocorreu uma melhora significativa no nível de atenção e valorização de outras pessoas por parte dos gestores. Como a diretoria da empresa deu exemplo, verificamos que os gestores, antes de iniciar uma reunião com os líderes e supervisores, reservaram alguns minutos para abordar um tema ligado a segurança e saúde no trabalho. Logo, supervisores, líderes e representantes administrativos procedem da mesma forma: antes de iniciar uma reunião aborda um tema ligado a prevenção de doenças e acidentes relacionados ao trabalho. Na linha de frente, os funcionários continuam participando do tradicional DDS´s, mas agora eles ganharam outro reforço positivo ao presenciarem seus líderes, abordando temas ligados a prevenção de acidentes antes das reuniões habituais.

Dando prosseguimento ao nosso estudo, verificamos que as reuniões com público misto proporcionam uma estrutura de retroalimentação, em virtude de um participante pode estar presente na reunião na condição de ouvinte, mas em outro momento ele conduzirá uma reunião com a sua equipe e poderá reforçar o mesmo tema ou exemplos mencionados no encontro posterior. Por exemplo, em um determinado dia um supervisor participou de uma reunião de parada de manutenção, a qual foi ministrada pelo gestor de área, e o tema do MOMENTO DE SEGURANÇA foi compromisso com a prevenção de acidentes. Antes do almoço, o mesmo supervisor realizou uma reunião com alguns líderes de área e decidiu repetir o mesmo tema (compromisso com a prevenção de acidentes) na reunião que ele foi ouvinte, mas agora ele estava na condição de facilitador do assunto. Já os líderes, por sua vez, participaram de uma reunião com alguns de seus liderados no período da tarde, para detalhar alguns pontos do trabalho a ser executado, e antes da reunião decidem ministrar o mesmo tema (compromisso com a prevenção de acidentes), apresentando exemplos específicos do dia a dia de seus liderados. Em mais de um momento oportuno, os liderados tiveram a oportunidade de retransmitir conceitos importantes deste tema para os demais colegas de trabalho, amigos e posteriormente familiares. Assim, constatamos que, aos poucos, assuntos relevantes de SST tornaram-se mais frequente entre todas as pessoas da empresa, o que facilita a implantação de outras ferramentas de gestão de forma natural, sem qualquer tipo de pressão interna ou externa. Sabemos que pressões externas provenientes de fiscalizações dos órgãos governamentais, sindicatos, clientes externos, ONGs e a comunidade no contexto geral exercem certo grau de influência sobre as decisões de uma empresa em questões envolvendo segurança e saúde no trabalho, mas a mudança de patamar da cultura de segurança ocorre somente através do envolvimento e comprometimento espontâneo de forças internas, exercidas pela Alta Administração, líderes, gestores e pelos funcionários. Então, avaliar de forma quantitativa o nível de maturidade da cultura de segurança de uma empresa representa um marco inicial, que servirá de referência para elaboração de planos e definições de estratégias com base nos resultados obtidos, da mesma forma, porém, com menor relevância, temos as abordagens qualitativas.

Compreendemos que abordagens qualitativas realizadas durante as auditorias podem demonstrar uma ideia geral quanto ao conhecimento e o comprometimento dos funcionários em relação à política de SST da organização, entretanto é preciso um método consistente pautado em números para mensurar o nível de maturidade da cultura de segurança de uma empresa. Desta forma, no nosso estudo de caso, o modelo usado (SCA – Safety Culture Assessment), para avaliar o nível de maturidade da cultura de segurança, atendeu todas as expectativas. Ressaltamos ainda a necessidade de se conhecer os principais processos da empresa e entrevistar o maior número de funcionários antes de iniciar a avaliação, principalmente se os avaliadores forem consultores externos. Assim sendo, sugerimos que os consultores passem um período do tempo previsto próximo aos funcionários, que representam a força de trabalho operacional, pois o olhar atento aliado a prática da escuta ativa revelará pormenores sobre o grau de satisfação e proximidade dos funcionários com aspectos corporativos da empresa. Logo, é aconselhável, por exemplo, que o consultor dispense o uso de um veículo executivo e se desloque no ônibus utilizado pelos funcionários para o local de trabalho, almoce no mesmo refeitório que os trabalhadores, mantenha-se presente na área operacional e interaja com as pessoas. Desta forma, o consultor terá mais facilidade em, por exemplo, observar a postura corporal, os gestos, o tom de voz, o vocabulário em destaque e a forma como os funcionários interagem com os seus superiores, visto que a avaliação do nível de maturidade da cultura de segurança requer percepção apurada e muito trabalho de campo.

O passo a passo descrito no livro sobre processo de vendas do projeto MOMENTOS DE SEGURANÇA no capítulo sete (VENDENDO O SAFETY MOMENT NA EMPRESA) funcionou como almejado, entretanto levantou uma questão não prevista inicialmente, que foi a demanda de desafiar a Alta Administração em fazer mais que o esperado, ou seja, na hora de vender o projeto MOMENTOS DE SEGURANÇA desafios devem ser feitos. Peça sempre algo a mais no contexto da prevenção de acidentes, claro que o alvo deverá criar valor para os negócios da organização, neste caso específico estava em jogo a consolidação da segurança como o valor principal da empresa Ramos Reis Engenharia e a prospecção de novos clientes.

Por conseguinte, o estudo de caso mostrou que o SAFETY MOMENT serviu como uma espécie de mola propulsora para uma série de transformações positivas na empresa, uma vez que, através desta ferramenta, ocorreu a avaliação do nível de maturidade da cultura de segurança, iniciou-se o curso de formação em liderança, Auditorias Comportamentais, campanhas, treinamentos e vários outros eventos educativos. Entretanto, o ponto que cabe destaque diz respeito à reformulação do modelo mental predominante da Alta Administração, dos líderes, dos gestores e, consequentemente, dos funcionários.

Sobre o programa de formação em liderança, é fundamental registrar que o curso está sendo realizado de forma mensal e por módulos, no período total de cinco meses. Com relação a programação teórica, esta é feita em um final de semana do mês, no escritório da Ramos Reis Engenharia, seguida por acompanhamento prático em atividades desenvolvidas na mineradora. Como este estudo de caso ocorreu somente durante 80 dias, diversos itens do plano de ação inicial ainda estão sendo implementados, pois existem metas de médio e de longo prazo em andamento, como a conclusão do curso de formação em liderança, a implementação mensal da Auditoria Comportamental, as novas propostas de novos treinamentos, as campanhas educativas, entre outros itens; e, ao final de 12 meses, iremos refazer a avalição SCA (Safety culture assessment). Todavia, as análises iniciais provenientes deste estudo de caso revelaram uma melhora significativa de toda equipe da Ramos Reis Engenharia, em aspectos ligados a segurança e saúde no trabalho, como consequência desta evolução a empresa vem recebendo diversas premiações de reconhecimento dos seus clientes em razão de ser perceptível para todos que o agir em equipe vem caminhando de forma interdependente, através do cuidado mútuo e do orgulho em pertencer à organização. Provando que investir em prevenção de acidentes é viável, rentável, sustentável e a coisa mais certa a se fazer.

10.4 – REGISTRE SEU PROGRESSO E COMEMORE

"A alegria é a pedra filosofal que tudo converte em ouro."
Benjamin Franklin

Chegamos na parte final deste livro e ainda temos alguns pontos relevantes a considerar. Então, vamos começar informando que você deve usar a sua agenda para registrar todo o seu progresso na implantação do projeto MOMENTOS DE SEGURANÇA, mesmo que no princípio sejam pequenas ou micros vitórias já que pessoas bem-sucedidas possuem o hábito de registrar toda e qualquer evolução, que diz respeito aos seus projetos, metas e sonhos.

Talvez no começo, pareça um pouco difícil encontrar as pequenas ou micro vitórias, contudo mostraremos alguns exemplos sobre diversas conquistas do cotidiano. Primeiramente, gostaríamos de parabenizar o amigo leitor por chegar até a parte final deste livro, visto que muitas pessoas não conseguem chegar à metade de um livro, quem dirá concluir toda a leitura de uma obra, por isso este é um exemplo de uma grande vitória, que deverá ser registrada. Outras vitórias, que podem ser anotadas e que estão relacionadas com este livro, são responder aos questionamentos dos objetivos de aprendizagem; conseguir reservar um tempo específico para fazer a primeira avaliação "SCA – Safety Culture Assessment"; começar a elaborar a segunda avaliação em grupo; colocar em prática todos os pontos, citados nas considerações essências do capítulo 4; refletir e responder todas as perguntas referente a autoavaliação, contidas no capítulo 5; conseguir efetivar a venda do projeto MOMENTOS DE SEGURANÇA, para a Alta Administração da empresa; entre outras. É importante lembrar que a soma de pequenas conquistas o levará a uma grande vitória, por este motivo não esqueça de efetivar estes registros. E quando devo comemorar?

Independentemente do tamanho da conquista, sempre comemore ao seu estilo, pois ao festejar uma vitória você estará vivenciando emoções positivas, que o colocará em um estado propício a repetir este mesmo ciclo com muito mais energia e entusiasmo. Muitas vezes, levamos uma vida tão agitada que esquecemos de comemorar as conquistas. Por exemplo, um jovem sonha em passar no vestibular. Ele estuda bastante, evita distrações, aproveita os finais de semana e feriados para aprender, faz todos os exercícios, responde a todos os simulados e, após muita dedicação, finalmente consegue a aprovação na faculdade escolhida, porém o mais novo universitário esquece de comemorar. Este mesmo jovem, ao iniciar os estudos, começa a sonhar com um estágio em uma grande empresa, por isso elabora estratégias e passa a criar possibilidades para alcançar este sonho e, depois de várias tentativas, finalmente conquista o tão sonhado estágio, mas, mais uma vez, ele esquece de festejar. Encantado com a empresa, já na primeira semana o agora estagiário começar a sonhar com a sua efetivação, pois deseja deixar de ser um aprendiz e tornar-se um funcionário desta organização. Assim, os meses passam e todos percebem o seu esforço, zelo e compromisso. Diante disto, na primeira oportunidade ele recebe a boa notícia da contratação, todavia novamente deixa de comemorar. Talvez, a justificativa pela não comemoração seja porque agora seu sonho é comprar um carro, depois será a busca por uma promoção, um apartamento e assim por diante. Desta forma, mesmo com tantas conquistas a vida perde seu brilho, sua cor e seu sabor, uma vez que não faz sentido chegar ao topo de uma montanha sozinho e pior ainda esquecer de comemorar.

Então, dentro de suas possibilidades comemore ao seu estilo toda e qualquer vitória. Isto não quer dizer que você deva promover festas todo final de semana. Agora, se a sua equipe atingiu uma meta importante seria proveitoso promover um almoço especial de comemoração, a figura 93 ilustra uma equipe de trabalho festejando. Quando você receber um feedback positivo do seu gestor, erga os braços e festeje como se o seu time do coração tivesse marcado um gol. Por este motivo, reserve um tempo em sua agenda para compartilhar suas conquistas com os seus melhores amigos e familiares, porque é saudável e faz bem para sua saúde física, mental e emocional. Mas, antes de comemorar, lembre-se de uma qualidade habitual entre todos os vencedores: a persistência.

10.5 – UMA QUALIDADE COMUM ENTRE OS VENCEDORES

"É graça divina começar bem.
Graça maior persistir na caminhada certa.
Mas graça das graças é não desistir nunca."
Dom Hélder Câmara

Sim, estamos falando da persistência. Ato de recusar a desistir perante os desafios e problemas, porque quanto mais você for capaz de refazer seus planos, suas estratégias e persistir, maiores serão as chances de alcançar seus resultados. Os vencedores sabem que não existe fracasso, há apenas resultados, por isso praticam a persistência ao máximo para alcançar seus objetivos. Então, quando uma barreira aparecer em seu caminho (e surgirão muitas) não desanime. Mantenha o foco na solução e não no problema, procure alternativas e direcione seus pensamentos para encontrar soluções, seja forte e persevere até encontrar uma saída adequada. A figura 94 ilustra pessoas praticando a persistência e ultrapassando obstáculos.

Por fim, procure antecipar possíveis objeções e se necessário, faça ajustes em suas estratégias, contudo evite comparações e suposições negativas.

10.6 – EVITE SUPOSIÇÕES E ESCLAREÇA OS FATOS

"Amo aquele que não tem preconceitos, é justo, imparcial, confidente, livre de toda ânsia e nunca desespera."
Bhagavad Gitâ

Muito provavelmente durante a fase de implantação do projeto MOMENTOS DE SEGURANÇA, você percebera certa resistência de algumas pessoas, as quais estarão constantemente manifestando uma postura corporal de não aceitação ou distração durante a abordagem de alguns temas. Contudo, nunca leve tais reações para o lado pessoal, evite suposições e procure meios para esclarecer estas ocorrências. Digamos, hipoteticamente, que um gestor esteja falando sobre a importância de alguns funcionários usarem o protetor facial, durante a execução de determinadas tarefas. No entanto, um supervisor não para de manusear o celular, você também observa que um líder permanece o tempo inteiro de braços cruzados e o representante do setor administrativo apresenta um olhar vago, como se estivesse pensando em algo totalmente diferente do tema. O que fazer diante destas situações? Primeiramente, concordamos que estas posturas não combinam com o tipo de reunião e situações como as mencionadas acima incomodam bastante, todavia atribuir juízo de valor ou propor suposições não ajuda muito, na verdade, só atrapalha. Portanto, ao observar tais atitudes nunca pense: "Estas pessoas não respeitam a minha presença em sala e muito menos prestam atenção no assunto, é por isto que as coisas não mudam". Não pense desta forma, afinal de contas você realmente não sabe o que está acontecendo e se quiser fazer suposições, que estas sejam propostas de um contexto geral e sejam, acima de tudo, deduções positivas. Como assim? No exemplo citado, pode ser que o supervisor esteja enviando uma mensagem para um membro da família, que esteja internado com problemas de saúde; pode ser que o colaborador do setor administrativo esteja preocupado por estar com o aluguel atrasado; e o cidadão de braços cruzados pode estar chateado com a promoção, que ainda não ocorreu. Então, sua melhor opção será encontrar um momento oportuno para esclarecer os fatos.

Assim, considere que neste mesmo dia você encontre o supervisor indo ao almoxarifado, aproveite a oportunidade, que não tem ninguém por perto, e diga algo como: "Eu gostaria de agradecer seu apoio na prevenção de acidentes, pois a supervisão e a liderança possuem um papel fundamental em questões de SST e você está de parabéns neste sentido". Aguarde a resposta e fale algo, mais ou menos assim: "Eu só fiquei um pouco preocupado ao vê-lo utilizando o celular durante o MOMENTO DE SEGURANÇA, será que eu posso ajudar em algo?". Pronto, de forma educada, você iniciou um diálogo positivo, expôs sua preocupação e criou possibilidade para redirecionar esta pessoa. É importante fazer o mesmo com os outros, contudo não esqueça de usar o feedback em seu proveito.

No processo de alertar, redirecionar e ajudar as pessoas, quanto a importância do SAFETY MOMENT, você automaticamente receberá feedbacks na forma de sugestões, conselhos, informações, dicas, orientações e críticas. Sabemos que é natural gostarmos de escutar elogios e coisas positivas, mas necessitamos estar receptivos as críticas negativas, pois nelas existem informações valiosas ao nosso progresso. Então, se você receber algum comentário negativo não pense em desistir, nem ignore o feedback e não fique irritado, já que demonstrar irritação, com a pessoa que lhe deu um feedback, não será produtivo. Lembre-se que não é um ataque pessoal são apenas informações, que você vai avaliar com atenção e refletir sobre o comentário.

No entanto, você deverá agradece e aceitar, mas se não fizer sentido você apenas agradece e segue com a programação.

10.7 – LEVE O SAFETY MOMENT PARA TODOS OS LUGARES

No decorrer da leitura deste livro, entendemos que o SAFETY MOMENT ou MOMENTOS DE SEGURANÇA é uma ferramenta de prevenção muito usada por empresas multinacionais e grandes empresas que verdadeiramente se preocupam com a saúde e com segurança de seus funcionários. Conduto, se olharmos para o Brasil de uma forma geral, analisando os números, os fatos e dados oficiais constataremos que a situação referente à prevenção de acidentes é deveras assustadora. Basta lembrarmos que o Brasil ocupa as primeiras posições no ranking mundial em ocorrência de acidentes de trabalho, há muito tempo. Assim, precisamos continuadamente fazer a nossa parte para melhorarmos esse triste cenário, que vem destruindo famílias por todos os estados do país. Imagine um pai ou uma mãe que sai de casa para o trabalho, que deixa a sua residência, visando fazer seu máximo em termos de dedicação e simplesmente não retorna. Como explicar este fato para uma criança? Como explicar para esta criança que nunca mais verá o seu pai ou a sua mãe? Ou como explicar para um pai e para uma mãe que seu filho ou sua filha foi para o trabalho e perdeu a vida, em consequência de um acidente no trabalho? Para fatos como estes, não existem explicações, pois nenhum argumento será suficiente para preencher o vazio que agora existe no coração e na vida destas pessoas, devido a perda de um ente querido.

Agora, sabemos que os acidentes não ocorrem apenas no local de trabalho, por isso incentivamos que o leitor leve o MOMENTO DE SEGURANÇA para fora do ambiente profissional, visto que muitos de seus familiares e amigos não conhecem sobre perigos e riscos dos acidentes, já que eles não possuem o conhecimento que você tem sobre prevenção de incidentes, muitos menos as competências sobre saúde e segurança no trabalho, que você adquiriu na empresa ou com a leitura deste livro. Lembre-se que todo conhecimento gera responsabilidade, isto é, quanto mais conhecimento você possuir sobre SST, maior será a sua responsabilidade de colocá-lo em prática. Dessa forma, é sua responsabilidade levar tal conhecimento para seus familiares e amigos, e uma excelente maneira de se fazer isso será através do MOMENTO DE SEGURANÇA. Mas, por onde começar? Várias são as oportunidades. Digamos que você pretende fazer uma reforma em sua casa, esta é uma boa ocasião para usar o MOMENTO DE SEGURANÇA. Quando você escolher a equipe que irá trabalhar na reforma, antes de dar detalhes sobre o novo projeto e suas particularidades, reserve um tempo para conversar sobre prevenção de acidentes. Por exemplo, discorra sobre a importância de usar o óculos de segurança, a botina, as luvas. Fale sobre os cuidados de trabalhar no telhado ou sobre os perigos de trabalhar com equipamentos elétricos, tal como lixadeira, máquina de solda, furadeira, entre outros. Deixe claro que eles devem trabalhar de forma segura, pois o acidente não é bem-vindo.

Outro exemplo prático seria a utilização do SAFETY MOMENT para destacar os cuidados necessários no trabalho em home Office, já que, devido à pandemia do novo coronavírus e a dinâmica nas relações trabalhistas, muitas empresas aderiram ao trabalho em casa e/ou à distância. Entretanto, trabalhar em casa exige alguns cuidados para preservar a saúde e não causar acidentes. Esta situação é uma boa oportunidade para você usar a ferramenta MOMENTOS DE SEGURANÇA, inclusive para reforçar alguns pontos com seus familiares, amigos ou colegas de trabalho, que estão trabalhando remotamente, conforme ilustra a figura 95. Assim, nesta conversa, destaque a importância de se buscar um ambiente arejado, iluminado, com pouco ruído e a necessidade de fazer pausas, ao longo do dia de trabalho. Não se esqueça de mencionar questões sobre se encostar por completo na cadeira, para que a coluna fique devidamente acomodada e a necessidade de manter a tela do computador na altura dos olhos. Argumente também sobre a importância de ficar com os pés apoiados, seja no chão ou em algum objeto, como uma almofada, e verifique a regulagem da cadeira, considerando conteúdos sobre ergonomia no SAFETY MOMENT para o trabalho em home Office.

Agora, considere algo relacionado a uma viagem. Então, vamos imaginar que você vai entrar de férias e pretende viajar de carro com a sua família. Prontamente, antes de definir o roteiro da viagem, reúna a família e faça uso da ferramenta MOMENTOS DE SEGURANÇA. De que forma? Converse sobre a importância de fazer uma revisão geral no veículo, fale sobre os perigos ao conduzir um carro na estrada e sobre os cuidados que todos devem ter, para aproveitar ao máximo o período de férias de forma animada e segura. A figura 96 ilustra pessoas comprometidas com a prevenção de acidentes em todos os lugares do mundo.

Outra situação possível de conversar sobre segurança é no final de semana, com sua família na praia. Neste caso, reúna sua família e faça uso da ferramenta MOMENTOS DE SEGURANÇA. Explique questões concernentes ao trajeto e à localização. Converse sobre a proteção da pele, higienização das mãos, alimentação, hidratação, pulseira de identificação para crianças, cuidados ao entrar na água, dentre outras precauções.

Perceba que são várias as oportunidades, que você pode usar a ferramenta MOMENTOS DE SEGURANÇA com sua família e amigos. Assim sendo, estamos desafiando você a usar essa ferramenta em todas as áreas da sua vida, para que você possa ampliar esse cuidado. Afinal de contas, estamos falando de seus familiares, amigos e pessoas próximas, que também merecem atenção e cuidado especial, por isso evite qualquer tipo de desculpa e faça o que precisa ser feito diariamente para zelar pela integridade física de seus amigos e familiares. Esse será o nosso desafio para você!

REFERÊNCIAS BIBLIOGRAFICAS

ALENCASTRO, M. S. C. **Ética empresarial na prática:** liderança, gestão e responsabilidade corporativa. São Paulo: Ibpex, 2010.

ARMSTRONG, M. **Como ser um gerente melhor.** 1ª ed. São Paulo: CLIO Editora, 2008.

BARBOSA, C. **A tríade do tempo.** Rio de Janeiro: Sextante, 2011.

BROCKETT, R. G.; HIEMSTRA, R. **Self-direction in Learning:** Perspectives in Theory, Research, and Practice. London: Routledge, 1991.

CARNEGIE, D. **Como desfrutar sua vida e seu trabalho.** 1ª ed. São Paulo: Companhia Editora Nacional, 2019.

CASTRO, L. T.; NEVES, M. F. **Administração de vendas:** planejamento, estratégia e gestão. São Paulo: Atlas, 2005.

CULTURA. Dicionário Etimológico. Disponível em: <https://www.dicionarioetimologico.com.br/cultura/> Último acesso em 26 de maio de 2020.

DEBASTIANI, C. A. **Definindo escopo em projetos de software.** 1ª Ed. São Paulo: Novatec, 2015.

DRUCKER, P. **O gestor eficaz.** Rio de Janeiro: LTC, 2019.

DRUCKER, P.; WILLIAM, A. C. **Melhores práticas.** 1ª ed. São Paulo: Autêntica Business, 2017.

DUHIGG, C. **O poder do hábito.** Rio de Janeiro: Objetiva, 2012.

EKER, T. H. **Os segredos da mente milionária.** Rio de Janeiro: GMT, 2006.

FILHO, A. P. G.; ANDRADE, J. C. S.; MARINHO, M. M. O. **Cultura e gestão da segurança no trabalho:** uma proposta de modelo. Gest. Prod. São Carlos, v.18, n.1, p. 205-220, 2011.

GALLWEY, W. T. **O jogo ínterior do tênis.** 1ª ed. São Paulo: SportBook, 2016.

GOLEMAN, D. **O cérebro e a inteligência emocional:** novas perspectivas. Rio de Janeiro: Objetiva, 2012.

HELDMAN, K. **Gerência de Projetos.** 3ª ed. Rio de Janeiro: ELSEVIER, 2006.

HILL, N. **A lei do triunfo.** 42ª ed. Rio de Janeiro: José Olympio, 2016.

HILL, N. **Pense e enriqueça.** 17ª ed. Rio de Janeiro: Best Seller, 2017.

KNOWLES, M. S. *Using learning contracts.* San Francisco: Jossey-Bass, 1986.

KOTLER, P.; KELLER, K. L. **Administração de marketing.** São Paulo: Pearson, 2013.

LACOMBE, F. J. M.; HEILBORN, G. L. J. **Administração: princípios e tendências.** 1ª ed. São Paulo: Saraiva, 2003.

MARIA, M. **Medidas do Comportamento Organizacional.** 1ª ed. São Paulo: Artmed, 2008

MORAIS, G. **Elementos do Sistema de Gestão de SMSQRS Teoria da Vulnerabilidade.** 2ª Ed. Rio de Janeiro: GVC, 2009.

MORAIS, G. **Sistema de gestão de segurança e saúde ocupacional OHSAS 18.001 e ISM Code Comentados.** 1ª ed. Rio de Janeiro: GVC, 2006.

NAISBITT, J. **O líder do futuro.** Rio de Janeiro: GMT, 2007.

NARDI, H. C. **Ética, trabalho e subjetividade:** trajetórias de vida no contexto das transformações do capitalismo contemporâneo. Porto Alegre: UFRGS, 2006.

OBSERVATÓRIO DE SEGURANÇA DO TRABALHO. Disponível em: <https://smartlabbr.org/sst>. Último acesso em 27 de maio de 2020.

OLIVEIRA, A. de. **Manual de prática trabalhista.** 35ª ed. São Paulo: Atlas, 2002.

PEINADO, J.; GRAEML, A. R. **Administração da produção:** operações industriais e serviços. Curitiba: UnicenP, 2007.

RELIGIÃO. Dicionário Dicio. Disponível em <https://www.dicio.com.br/religiao/>. Último acesso em 29 de maio de 2020.

SEGURANÇA. Dicionário Dicio. Disponível em <https://www.dicio.com.br/seguranca/> Último acesso em 26 de maio de 2020.

SEGURANÇA E MEDICINA DO TRABALHO. 24ª ed. São Paulo: Saraiva, 2020.

SIMIONATO, R. G. B. **Dinâmicas de grupo para treinamento motivacional.** 35ª ed. São Paulo: Papirus, 2012.

SPECTOR, P. E. **Psicologia nas Organizações.** 3ª ed. São Paulo: Saraiva, 2010.

IN MEMORIAM DE
EUNICE BRITO DE SANTANA

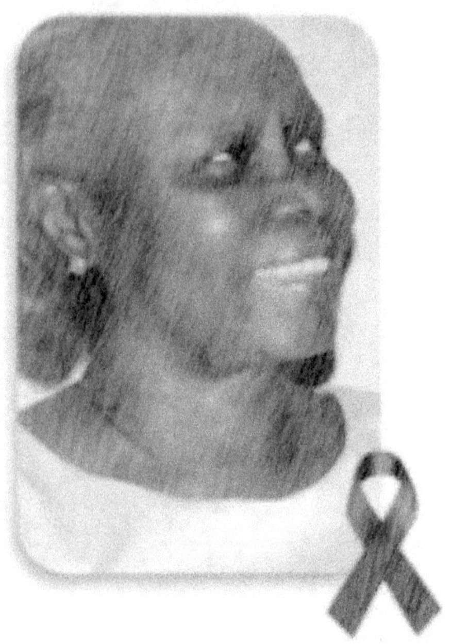

Exemplo de superação, amor ao próximo, educação, respeito e sabedoria, a Dr.ª Eunice Brito nos deixa um importante legado. Nascida no ano de 1947, experimentou as agruras de nascer e viver em um contexto social e político de muitas limitações, no que tange, o acesso à saúde, a educação e ao trabalho. Ainda assim, não se deixou intimidar, ingressou com méritos no Ensino Público Federal e formou-se com destaque pela UFBA (UNIVERSIDADE FEDERAL DA BAHIA) em 1972. Após sua formatura iniciou suas atividades como profissional numa importante instituição pública de saúde do Estado da Bahia.

Ávida por conhecimento especializou-se em Epidemiologia. Desta forma, tornou-se uma das principais referências da instituição no tratamento de tuberculose e passou a compor a Comissão de Controle de Infecção Hospitalar — CCIH. Assim, Eunice dedicou anos da sua vida a trabalhar em prol do bem-estar do próximo.

Jamais esqueceremos o seu sorriso, sua bondade, paciência e dedicação aos estudos. Desta forma, seguiremos com o compromisso ético, intelectual, científico, político e social, que marcaram a sua vida. **Jorge Anderson, Paulo Ferreira, familiares e amigos.**

IN MEMORIAM DE
CARLA PRISCILA SACRAMENTO

Querida amiga Carla Priscila Sacramento, conhecida por todos como Carlinha, ainda não acreditamos que não estás mais entre nós... Você nos deixou lindas e preciosas lembranças que construiu com seu sorriso, generosidade e dedicação em atividades voluntarias que realizou ajudando ao próximo. Esta saudade ficará eternamente presente em cada um de nós.

Jamais nos esqueceremos de você e da amizade construída ao longo da sua inestimável participação no projeto Aulão Solidário, pois seu empenho e comprometimento a levou a fazer parte de nossa coordenação, conquistando por méritos um destaque especial.

Somos gratos a Deus pela honra e privilégio de compartilhar momentos maravilhosos com você. Saudades eternas! **Coordenadores e membros do Aulão Solidário, Paulo Ferreira, amigos (as) e colegas voluntários.**

Vítima da covid-19, Carla Priscila Sacramento era Graduanda em Engenharia Ambiental e Técnica em Segurança do Trabalho. Coordenadora do projeto Aulão Solidário e uma Prevencionista atuante que amava a profissão.

Neste sentido, solidarizamo-nos também com todos os familiares, amigos e colegas das vítimas da covid-19, visto que, a estes restam apenas um vazio no peito devido à saudade e as lembranças.

IN MEMORIAM DE
HAYDEN WILLIAM BARBOSA HUSETH

São muitos os desafios e obstáculos em nossa jornada profissional, contudo nos momentos mais difíceis um novo astro brilha no céu, iluminando assim o nosso caminhar, saibam que essa nova estrela chama-se Hayden Huseth.

Hayden nos deixou aos 14 anos, ele era conhecido por seus amigos como um jovem bondoso, pois estava sempre se preocupando com as pessoas a sua volta. Sua criatividade com Legos era admirável e o seu desempenho no desenvolvimento de vídeos e fotos online será para sempre valorizado. Jogar com os amigos era seu passatempo favorito. Ele também amava astronomia, jogar futebol, nadar, passar o tempo com os avós e as viagens de aventura que fazia com a família.

"Então, seu sorriso, sua bondade, criatividade e generosidade estarão para sempre motivando as nossas ações e guiando os nossos passos, e até nos encontramos novamente, que Deus o guarde na palma de sua mão". **Rodrigo Souza, Paulo Ferreira, familiares e amigos.**

Em um estudo realizado em 2019, a Organização Mundial da Saúde (OMS) apontou que o Brasil é o campeão mundial em casos de transtorno de ansiedade e ocupa o segundo lugar em transtornos depressivos, que podem levar ao suicídio. Sabemos que o suicídio é um fenômeno complexo que possui muitas facetas, e no mundo em média a cada 40 segundos uma pessoa comete suicídio.

Diante disso, por favor, junte-se a nós para ampliarmos uma corrente do bem em prol da prevenção de acidentes e combate ao suicídio.

MENSAGEM FINAL

Agradeço a você por ter dedicado seu precioso tempo na leitura e estudo desta obra. Do ponto de vista profissional, talvez este não seja o melhor livro que já tenha lido, mas devo ressaltar que ele foi elaborado com muita dedicação, amor e cuidado, objetivando atender vários públicos como; empregadores, administradores, líderes, gestores, profissionais, estudantes e pessoas que ocupem cargos em empresas públicas.

Em tal caso, escrever um livro sobre saúde e segurança no trabalho acessível a diversos públicos foi um grande desafio, contudo quem me conhece sabe o quanto gosto de desafios. Visto que, tive uma infância simples e toda minha trajetória foi marcada por adversidades. Entretanto, não quero aqui romantizar as dificuldades da vida ou encontrar culpados, desejo apenas reforçar aspectos importantes que me trouxeram até aqui e são eles: a confiança em Deus, a confiança em meu potencial, a dedicação aos estudos, clareza em estabelecer objetivos, autoliderança, empatia e o hábito de fazer mais que o esperado sem desejar nada em troca.

De todos os aspectos citados, a confiança em Deus e o hábito de fazer mais que o esperado se destacam em minha jornada. Em razão de, a maior parte do meu trabalho ser feita de forma voluntária. Não se trata aqui de retirar a importância do trabalho remunerado. Dado que, o dinheiro é importante e fundamental na vida de todos, contudo, no meu caso ele nunca será a razão ou o motivo final de minhas ações. Pois, acredito que o dinheiro será sempre a consequência de um trabalho bem feito com base no desenvolvimento e valorização das pessoas, na prevenção de acidentes e foco na excelência operacional.

Logo, minha mensagem final será no sentido de desafiá-lo (a) a compartilhar as informações deste livro com outras pessoas, por três motivos. Primeiro, porque a essência deste livro é prevenir acidentes. Segundo, porque todos nós aprendemos com mais facilidade ao ensinarmos outras pessoas, já que, ao compartilhar uma ideia, um conceito ou um ponto-chave desta obra, você estará reforçando este assunto. O último motivo é que existe uma enorme alegria e riqueza, quando ajudamos os outros a fazerem uma mudança positiva em suas vidas.

Então, por favor, vamos juntos ampliar uma corrente do bem em prol do desenvolvimento profissional, da qualidade, produtividade e da prevenção de acidentes.

Desde já, desejo muita paz, saúde, amor e sucesso em sua vida. Que decretos doces venham dos céus ao seu encontro! Muito obrigado e até breve!

Paulo Henrique Ferreira

www.ingramcontent.com/pod-product-compliance
Lightning Source LLC
LaVergne TN
LVHW010505200726
843506LV00013B/2529